Maren Diehl

DIE PFERDE SIND NICHT DAS PROBLEM

Keine Reitlehre

spiritbooks

Das Werk, einschließlich aller seiner Teile, ist urheberrechtlich geschützt. Jede Verwertung ist ohne Zustimmung des Verlages und der Autorin unzulässig. Dies gilt insbesondere für Vervielfältigungen, Übersetzungen, Mikroverfilmungen und die Einspeicherung und Verarbeitung in elektronischen Systemen.

© 2014 spiritbooks, 73230 Kirchheim/Teck
Verlag: spiritbooks, www.spiritbooks.de
Autorin: Maren Diehl
Herausgeberin: Ulrike Dietmann
Umschlaggestaltung: Maren Diehl, Martin Roser
Foto Cover: Viktoria Makarova
Druck und Verlagsdienstleister: www.tredition.de
Printed in Germany
ISBN: 978-3-944587-11-0

Haftungsausschluss

Wichtiger Hinweis: Die hier vorgestellten Methoden sind kein Ersatz für eine Ausbildung zum Reiter oder im Umgang mit Pferden. Die Autorin und der Verlag lehnen jede Verantwortung ab für Folgen, die direkt oder indirekt aus der Lektüre des Buches entstehen.

„Es ist daher mehr Grund vorhanden, über Mangel an verständigen und geschickten Reitern als über die Pferde Klage zu führen, da wir uns mit Hilfe jener viele vorzügliche Pferde mehr schaffen könnten aus solchen, die jetzt infolge falscher Bearbeitung durch Mangel an Gleichgewicht vor der Zeit zugrunde gehen. Man nehme daher die Pferde, wie sie sind, bilde sie sich, wie sie sein sollen (...). (...) und auf diese Weise wird ein für den Reitdienst scheinbar unbrauchbares Pferd zu einem normalen umgewandelt."

Gustav Steinbrecht, Das Gymnasium des Pferdes

„The problem was, that modifying ineffective thought and behaviour patterns turned out to be much more difficult than building the pyramids (…)."

Linda Kohanov, The Power of the Herd

Vorwort

Schon kurz nachdem ich Maren Diehl das erste Mal die Hand gegeben hatte, fingen wir an zu diskutieren über Reiten, über Kommunikation mit Pferden, über Gott und die Pferdewelt. Ihre Ansichten waren so interessant, dass ich mit einer Kollegin zusammen das Privatseminar bei ihr besuchte und dabei zwei Tage lang jedes Wort mitschrieb. Danach gehörte ich zu jenen, die sie unter Druck setzten, ihr umfangreiches Wissen und ihre Erfahrung in einem Buch festzuhalten. Jetzt finde ich mich in der glücklichen Lage, dieses Buch herausgeben zu dürfen.

Wie Maren selbst schreibt, gibt es schon genügend Reitlehren. Reitlehren sind das eine, Reitlehrer das andere. "Die Aufgabe eines Lehrers ist, die Schüler zu lehren, ihre eigene Begeisterung zu entdecken", sagt Joseph Campbell, selbst ein großer Lehrer. Genau das ist die Qualität von Maren Diehl. Damit hat sie mich vom ersten Augenblick an im Netz gehabt. Ich hatte Fragen, viele Fragen, nervtötend viele Fragen. Maren war nicht aus der Ruhe zu bringen. Hier war jemand, der sich über all das, was ich in Pferdratgebern vergeblich gesucht hatte, Gedanken gemacht und viele Jahre lang experimentiert hatte: Reiten ohne Unterwerfung, das Pferd gesund erhalten, reiten, ohne dem Pferd Schaden zuzufügen. Maren führt Wissen und Erfahrung aus vielen Gebieten zusammen: Osteopathie, klassische und andere Reitlehren, Bewegungslehre, Kampfkunst, intuitives und energetisches Heilen.

Maren Diehl hat etwas Einzigartiges zu lehren, etwas, das man bei keinem anderen Lehrer findet. Und das macht ebenfalls einen guten Lehrer aus: Sein Wissen ist im Feuer seiner eigenen Erfahrung geprüft und mit seinem Herzblut unterschrieben. Was sie zu lehren hat, ist zugleich Ausdruck ihrer Persönlichkeit. Wenn man sich lange mit etwas beschäftigt, werden die Lösungen einfach, keine oberflächliche Einfachheit, sondern die Einfachheit der Essenz. Marens Wissen ist zugleich umfangreiches Detailwissen und es ist Weisheit. Ihre Antworten sind bestechend, weil sie zutreffen. Ihre Art, sie vorzutragen ist unnachahmlich, ihr Humor ist sehr erfrischend.

Marens Arbeit zielt darauf ab, das Pferd körperlich in die Lage zu versetzen, den Reiter zu tragen. Damit trifft sie das zentrale Problem der meisten Pferdebesitzer, der großen Gruppe der Freizeitreiter. Bevor das Pferd nicht ausreichend bewegungskompetent ist, um den Reiter zu tragen, ist kein verantwortungsvolles Reiten möglich. Für diese ethische Grundüberzeugung setzt sich Maren Diehl ein. Sie zeigt uns, wie der Pferdekörper gebaut ist, was Tragkraft und Schubkraft sind, wie sie zusammen spielen, um kraftvolle Bewegung hervorzubringen. Sie erklärt uns, wie wir über den Sitz einwirken – im Guten, wie im Schlechten.

Bei Maren hörte ich das erste Mal den Begriff „menschengestütztes Erfahrungslernen für Pferde". Maren erteilt Pferden Hilfe zur Selbsthilfe. Sie zeigt Pferden, wie sie ihre eigene Bewegungskompetenz entdecken können. Sie zeigt Menschen, wie sie das Pferd dazu einladen können - und woran wir erkennen, dass das Pferd auf dem richtigen Weg ist.

Maren Diehl fordert Verantwortung vom Reiter. Sie zeigt, wie wir diese Verantwortung einlösen können, ohne jahrelang zu studieren: Durch einfache Übungen, durch verständliches Wissen, das jeder haben sollte, der sich auf ein Pferd setzt, ein Tier, das nicht zum Reiten geboren wurde, aber das, durch den richtigen Umgang, gern die Freude an der gemeinsamen Begegnung mit dem Menschen teilt.

Ich wünsche diesem Buch viele Leser, viele Menschen, die das Wissen anwenden, um glückliche Reiter zu werden auf glücklichen Pferden.

Ulrike Dietmann

Kirchheim/Teck, Februar 2014

INHALTSVERZEICHNIS

Kapitel I

Wer ich bin, weiß ich selbst oft nicht so genau – ich bin nicht mein Beruf, ich bin nicht mein Verstand, ich bin nicht die, die andere glauben zu sehen. Ich bin nicht „Schülerin von ...", auch nicht „Tochter von..." oder „Nichte von...." einer Größe in der Reiterwelt. Ich habe keine Schleifen, außer denen, die ich mir selbst binde. Was ich bin – ich bin entschlossen, alles, was ich an für die Pferde hilfreichem Wissen in diesem Leben erworben habe, zusammenzufassen, zu verknüpfen und zur Verfügung zu stellen. Ich bin bereit, mich unbeliebt zu machen, denn die Erfahrung hat mich gelehrt, dass viele Menschen vieles nicht so genau wissen wollen, weil Unwissenheit bequemer sein kann als Wissen, das Konsequenzen fordert. Ich bin der Meinung, dass wir, ganz gleich, auf welchem Niveau wir reiten oder zu reiten glauben, den Pferden gegenüber die Verpflichtung haben, in ihrem Sinne weiter zu lernen, weiter zu denken, miteinander zu diskutieren, vielleicht auch gelegentlich zu streiten und sie vor den Folgen menschlicher Dummheit, Faulheit und Unwissenheit – auch unserer eigenen - zu schützen. Vor allem müssen wir lernen zu sehen, hinzusehen, um die Probleme der Pferde zu erkennen. Hinschauen statt wegschauen. Und handeln.

Maren Diehl

Das Letzte, was die Pferdewelt braucht, ist *noch* eine Reitlehre, das Allerletzte, dessen es bedarf, ist eine weitere Reitweise.

Was sehr viele Pferde und Reiter benötigen, sind veränderte Perspektiven, neue Verknüpfungen und weiterführende Informationen. Sie benötigen hilfreiche Impulse, um alte Muster aufzulösen, einen Weg aus verfahrenen Situationen finden zu können, kurz: Sie benötigen eine Herangehensweise, die es ihnen ermöglicht, das vermeintlich Einfache mit Hingabe zu erlernen und Freude an Bewegung und Bewegungsqualität zu haben.

Eine Herangehensweise, die es auch jenen mit mangelhafter oder fehlender Grundausbildung ermöglicht, in Ruhe und mit Spaß an der Sache miteinander zu „arbeiten", ohne sich gegenseitig zu gefährden. Ich möchte einen Ausbildungsweg vorstellen, der am Anfang viel Zeit braucht, dafür aber für eine solide Grundlage sorgt, die Pferde angemessen trainiert, die ReiterInnen schult, ein stressfreies Zusammensein ermöglicht und Problemlösungskompetenz entwickeln hilft. Es ist ein Weg für alle, die sich erinnern wollen, warum sie reiten, warum sie ein Pferd haben und warum sie mit Pferden arbeiten. Für alle, die die Fesseln, die sie daran hindern, ihren ursprünglichen Traum zu verwirklichen, erkennen und lösen wollen.

Das ist der eine Teil des Buches.

Der andere Teil besteht aus Wissenswertem, Informationen und Ideen – und dem einen oder anderen Blick über den Tellerrand - und soll einen Anstoß geben, das Denken, die Sichtweisen, das Verständnis, die Wahrnehmung und die Selbstwahrnehmung, den Umgang mit sich selbst und mit dem Pferd zu verändern, neue Ansätze zu wagen, dem eigenen Gefühl zu vertrauen und gemeinsam mit dem Pferd zu wachsen. Die Inhalte sollen Mut machen, alte Glaubenssätze zu entstauben und Dogmen zu entmachten. Sie sollen helfen, die Prinzipien hinter den reiterlichen Weisheiten und Trainingsmethoden zu erkennen und anhand dieser Prinzipien gemeinsam mit den Pferden und mit anderen Pferdemenschen einen eigenen, authentischen Weg zu gestalten.

Selbst denken

ist der Titel des Buches von Harald Welzer, das mich einiges hat besser verstehen lassen. Welzer bezieht sich darauf, dass all unser Wissen über die Begrenztheit der Ressourcen auf dieser Erde nicht zu einer resoluten Verhaltensänderung führt. Seine Erkenntnisse habe ich auf die Reiterwelt bezogen, in der so viele frustriert das Gleiche immer weiter machen, weil es alle machen. In der so viele Pferde kaputt gehen. Und in der niemand die Kontrollfragen stellt: „Was weiß ich, wenn ich das weiß?" oder „Was wäre, wenn das wirklich so wäre?"

Wer beginnt, nicht mehr einverstanden zu sein, muss mit zwei Konsequenzen rechnen: „Erstens muss man weiterdenken, wenn man sich erlaubt hat, selbst zu denken. Zweitens: Es wird unbequem."

Unbequem für alle Beteiligten. Mein den Dingen auf den Grund Gehen war auch unbequem für meine ReitschülerInnen. Es war unbequem für mich, zu dem zu stehen, was ich mir überlegt hatte und was mich meine Erfahrungen gelehrt hatten. Das Handeln den Gedanken folgen zu lassen, war nicht nur extrem unbequem, sondern auch etwas geschäftsschädigend.

Die für mich erschreckendste Aussage in Welzers Buch war: „Handeln ist erkenntnis**un**abhängig!". Aber wenn *ich* es geschafft habe, das Handeln dem Denken, den Erkenntnissen und dem Gefühl folgen zu lassen, ist das wohl machbar!

Und damit sind wir bei der hoffnungsträchtigen Aussage, dass Veränderungen möglich sind, wenn wir Handlungsspielräume nutzen: „Tatsächlich machen die drei bis fünf Prozent (der Menschen) den Unterschied, weil sie *praktisch* zeigen und darauf beharren, dass die Dinge anders laufen sollen und können. Wir haben unter diesen Voraussetzungen das Paradox einer Elite, die quer zu allen Schichten liegt und sich durch einen sehr einfachen Satz definiert: **Wir fangen schon mal an.** (…) Sie schafft Labore einer andern Praxis."

Diese „Elite" - vielleicht könnte man ihre Mitglieder als Katalysatoren bezeichnen - geht auch in der Reiterwelt durch alle Schichten und Bereiche: Reitschüler, Reitbeteiligungen, Pferdebesitzer, Pensionsstallbetreiber, Reitlehrer, Heilpraktiker, Osteopathen, Pferdephysiotherapeuten, Tierärzte, Hufpfleger und -schmiede, Vereinsmitglieder, Richter, Ausbilder, Sattler, Händler, Autoren, Verleger, Parcoursbauer, Turnierbesucher. Drei bis fünf Prozent!

Wenn eine ausreichende Anzahl von MitspielerInnen sich aus der Komfortzone der Konformität begibt, verändert sich etwas. Und damit meine ich nicht den Wechsel zu einer anderen Reitweise oder zu anderem Equipment. Wir haben Zugriff auf schier unendlich viel Wissen. Stellt euch einfach immer wieder die Frage: Was weiß ich, wenn ich das weiß? Und nehmt die unbequemen Antworten in Kauf!

Denn diese können lauten: Dann dürfte ich mein Pferd (zunächst) nicht mehr reiten. Dann müsste ich den Stall wechseln. Dann brauchte ich einen anderen Sattel. Dann müsste ich ganz neu reiten lernen.

Ja, das kann alles passieren. Die Frage lautet dann: Und jetzt? Tja, jetzt dürft ihr kreativ werden und schauen, ob sich in diesem Buch nicht ein paar für euch umsetzbare Ideen finden.

Zitate aus: Harald Welzer, Selbst denken, 2013

Diese beiden Teile, der praktische und der theoretische, teilweise philosophische, sind nur schwer voneinander zu trennen, denn eins führt zum anderen, das Eine bedingt das Andere, und sowohl die Pferdeausbildung als auch das Reitenlernen kann, wenn man beides als **ganzheitlichen Entwicklungsprozess** betrachtet, niemals linear sein. Lernen findet in Spiralen statt, teilweise sogar in Fraktalen, denn jeder Bereich bietet bei genauerer Betrachtung und entsprechender Vergrößerung seinerseits mehrere Unterbereiche. Veränderte Sichtweisen führen zu neuen Lernprozessen, Bewegungslernen zu einer neuen Sicht der Dinge. Alles greift ineinander. Neue Sichtweisen machen wach, unbekannte Begriffe und ungewohnte Beschreibungen für das Bekannte befreien das Denken und Fühlen. Deshalb werden in diesem Buch die vielen Themenbereiche ineinander übergehen, einiges wird sich wiederholen oder in unterschiedlichen Zusammenhängen erklärt, und es gibt Raum zum Selbstdenken.

In meiner **Wortwahl** vermeide ich gerne Fachbegriffe, und zwar aus dem einfachen Grund, dass diese Begriffe in den meisten Köpfen bereits mit einer starren Vorstellung ihrer Bedeutung belegt sind, die die geistige Flexibilität und die Vorstellungskraft blockiert. Ein spielerischer Umgang mit der Sprache führt dazu, dass man einen Abschnitt ein zweites und ein drittes Mal liest, anstatt mit einem unkonzentrierten „Ja, ja" darüber hinweg zu gehen. Dort, wo es sich nicht vermeiden lässt, bestimmte Begriffe zu benutzen - weil ich den allgemein abgespeicherten Inhalten eine neue Idee hinzufügen möchte - hinterfrage ich die gewohnten Vorstellungen, um etwas in Bewegung zu bringen. Je länger man bereits im Reitsport unterwegs ist, um so schwieriger ist es, im eigenen Hirn, in den alten Gewohnheiten, in der eigenen Wahrnehmung etwas zu verändern und die Trampelpfade gesellschaftlich akzeptierter Denkweisen zu verlassen. Hilfreich für das bessere Verständnis ist es, wenn man sich in Momenten, in denen man eine neue Vorstellung spontan ablehnt, fragt: „Was würde es für mich bedeuten, wenn es wirklich so wäre? Was würde sich für mein Pferd verändern, wenn ich es so sähe?"

Manchmal habe ich das Gefühl, dass der ganze Umgang mit Pferden und die Arbeit mit Pferden bestimmt werden durch Begriffsbausteine, die eine ganz spezielle Mischung aus Wort, Bewegungsgefühl, Absicht und Emotion beinhalten. Da die Gewohnheit blinde Flecken im Geist erzeugt, fällt es kaum jemandem auf, dass wir durch diese Begriffe regelrecht ferngesteuert werden, und das auf allen Ebenen. Daher möchte ich diese Elemente zerlegen und sich im Tanz mit den Pferden neu zusammen setzen lassen.

Ganz schwierig ist die Arbeit mit **Bildern**. Nur: Ohne diese ist alles *noch* schwieriger. Also doch Bilder. Aber Bilder sind statisch. Das hat den Vorteil, dass man Zeit hat zum Gucken und zum Verstehen. Der Nachteil ist, dass sich die Bewegungsenergie gerne dem Verständnis entzieht. Also liefere ich Bilder, um der Vorstellungskraft auf die Sprünge zu helfen. Eure Aufgabe ist es, diesen Bildern Leben einzuhauchen, sie mit eurem Bewegungsgefühl zu verbinden und die dargestellten Bewegungsmomente im Geiste weiter laufen zu lassen. Viele Bewegungsmomente, in denen wesentliche Entwicklungen ihren Anfang nehmen, sehen als Standbild merkwürdig aus, aber gerade diese Phasen zeigen Timingpunkte, an denen sich die Bewegung sehr unterschiedlich weiter entwickeln kann. Es ist mir schwer gefallen, aber ich habe das Bedürfnis nach ästhetischer Darstellung den zu vermittelnden Inhalten untergeordnet. Meistens.

In dem Kapitel zum Reiten gibt es keine Bilder. Wer sich beim Reiten an statischen Bildern orientiert, vergisst das Bewegungs*gefühl*, und genau dieses möchte ich durch Beschreibungen und Vorstellungen entwickeln helfen. Warum Zeichnungen? Weil ich mit diesem Buch im September begonnen habe und dieser Winter einer der schlammigsten der letzten zehn Jahre war. Auf einem Foto möchte man ein *geputztes* Pferd auf einem *trockenen* Reitplatz mit optisch ruhigem Hintergrund sehen, gute Bildqualität, den perfekten Bewegungsmoment... Meine Fotomodelle sind unterschiedlich apfelige Schimmel im Winterfell, die im Halbschatten der Bäume an der Südseite des Reitplatzes für eine Kamera in etwa so gut zu fokussieren sind, wie Schneetreiben im Kühlschrank. Noch Fragen?

Dieses Buch möchte nicht durchgelesen werden. Es darf K**affeeränder** bekommen, man kann seine eigenen Erkenntnisse hineinschreiben, man kann Wichtiges unterstreichen, es mit Ausrufe- und Fragezeichen versehen, Ecken markieren, es geht mit zum Pferd. Ihr dürft auch Pferdchen und Blümchen zwischen die Absätze malen. Kaffeeränder und Tomatensoßenflecken zeigen, dass man mit einem Buch lebt, dass es einen begleitet und dass es gearbeitet hat. Das Leben geht auch an Büchern nicht spurlos vorüber, und meine liebsten geerbten Bücher sind die, in denen andere bereits unterstrichen haben, was ihnen wichtig war, deren Ränder mit Ausrufe- und Fragezeichen garniert sind. Bei meinen Fachbüchern freue ich mich, wenn ich Textstellen, die mir wichtig sind, auf Anhieb wiederfinde – und genauso freue ich mich, wenn ich feststelle, dass ich inzwischen anderes für wichtig halte als vor ein paar Jahren.

Dieses Buch widersetzt sich dem Durchlesen. Die Absätze entziehen sich dem Verständnis, bis man sich auf Veränderung einlässt. Das Denken will mit den neuen Möglichkeiten spielen. Der Verstand nicht. Der hätte lieber, dass alles bleibt, wie es war. Zum Glück seid ihr nicht euer Verstand.

Nicht jeder wird alle **Inhalte** verstehen oder wissen wollen. Für mich winden sich alles Wissen, alle Erfahrungen, die Ideen aus meiner Praxis, aus Büchern und aus Gesprächen und die Ideen der Pferde zu einem Strang zusammen, der mir in den meisten Situationen Halt und Orientierung bietet und immer noch Neues integrieren kann. Ich möchte euch jedoch nicht nur den „Eintopf" vorsetzen, ihr dürft die Bestandteile noch erkennen können. Meine Literaturliste ist ziemlich lang, denn ich habe immer wieder über den Tellerrand geschaut und vieles, was ich in philosophischer, wissenschaftlicher und spiritueller Literatur gefunden habe, auf den Umgang mit Pferden und das Reiten bezogen.

Eine intensive Korrespondenz über bewegungs- und sportwissenschaftliche Erkenntnisse, Kampfkunst und Zen mit Horst Tiwald (emeritierter Professor für Allgemeine Theorie des Sports an der Universität Hamburg) in dem Jahr vor seinem Tod hat mir nicht nur viele wichtige Erkenntnisse vermittelt, sondern mir auch meine Fähigkeit, alles miteinander zu verknüpfen und zu einem sinnvollen Ganzen werden zu lassen, bewusst gemacht. Die „Prinzipieninfektion" habe ich Großmeister Kernspecht (WingTsun, EWTO) zu verdanken, durch ihn bin ich auf den Unterschied zwischen technik- und prinzipienorientiertem Bewegungslernen gestoßen, was eine regelrechte Erleuchtung zur Folge hatte. Mir sind bei der Lektüre mehrere 100-Watt-Glühbirnen aufgegangen. Mein Ausbilder Dai-Sifu Thomas Schrön sorgt im WingTsun-Training an der EWTO-Akademie in Heidelberg für die nötige Demut und dafür, dass meine Prinzipientreue praxistauglich wird.

In Tanja Richters Buch „Illusion Pferdeosteopathie" fand ich die ersten wichtigen Informationen zum Thema Trageerschöpfung, durch die ich eine klarere Vorstellung von meiner Arbeit und meiner Aufgabe bekam und die mir das Ausmaß der Problematik bewusst machten. Linda Kohanovs Bücher haben mir viele entscheidende Anstöße gegeben, und vor allem die darin enthaltenen Hinweise auf Forschungsprojekte und wissenschaftliche Er-

20

kenntnisse haben meinen eigenen Erfahrungen eine neue Bedeutung gegeben. Dies sind nur einige Beispiele für wichtige Einflüsse der letzten zwei Jahre auch von außerhalb der Reiterwelt, die mich mit neuen Perspektiven versorgt haben. Nur: wer will das alles wissen?

Ursprünglich sollte sich dieses Buch zum einen an ReiterInnen richten, die mit dem, was sie bislang in Theorie und Praxis über das Reiten gelernt haben, nicht weiterkommen und sich fragen, woran das liegt. Zum anderen an Menschen, die ihre Zeit mit dem Pferd sowohl harmonisch als auch aktiv verbringen wollen und denen daran gelegen ist, sowohl ein umfassenderes Verständnis zu erlangen als auch ihre Erkenntnisse in der Praxis umzusetzen. Und natürlich an alle, deren Pferde irgendwie „nicht so richtig funktionieren". Viele würden sich wohl als FreizeitreiterInnen bezeichnen:

Definition Freizeitreiter

Freizeitreiter sind für mich alle Menschen, die ihre Freizeit mit und auf dem Pferd verbringen, weil ihnen das hoffentlich Freude macht. Egal ob organisiert oder nicht, egal ob turnierambitioniert oder nicht, unabhängig von der jeweiligen Reitweise. Ich sehe FreizeitreiterInnen im Gegensatz zu BerufsreiterInnen, die mit Reiten, Pferdeausbildung und Unterrichtserteilung ihren Lebensunterhalt - und den ihrer Pferde - verdienen müssen. Der große Vorteil der FreizeitreiterInnen, ob sie es wissen und wertschätzen oder nicht, ist: Sie haben ZEIT! Dem Berufsreiter ist Zeit Geld. Je länger er ein Pferd ausbildet, um so mehr kostet es zunächst. Nicht nur an Arbeitsleistung, sondern auch an Unterhalt. Und das möchte niemand bezahlen... Eine Longenstunde ist für den Schüler zwar teurer als eine Gruppenstunde, für den Ausbilder jedoch weniger rentabel. Der Preis für eine rentable Longenstunde ist den meisten Reitschülern zu hoch...

ALSO: Das große Kapital der FreizeitreiterInnen ist Zeit. Es ist egal, wie lange etwas dauert, es kommt darauf an, dass das Zusammensein mit dem Pferd angenehm für alle Beteiligten ist. Selbst bei Zeitmangel gibt es keinen Druck, bestimmte Ziele erreichen zu müssen. Der Weg ist das Ziel.

Während des Schreibens allerdings hat sich das Buch verselbständigt, es dringt tiefer in die Materie ein, als ursprünglich geplant. Daher tut vielleicht auch dem einen oder anderen **Profi** die eine oder andere Idee aus diesen Texten gut, aber es ist gefährlich, sich mit diesem subversiven Gedankengut zu befassen. Zu den Risiken und Nebenwirkungen zählt, dass man plötzlich nicht mehr so weiter arbeiten kann, wie man es bisher getan hat, die „Kunden" jedoch weiterhin auf der gewohnten Leistung bestehen. Dass man seine Sichtweise nur ändern kann, wenn man den eigenen Privatzirkus von außen betrachtet. Dass man selbst mit den neuen Ideen glücklich ist und die Pferde motivierter sind, die Reitschüler jedoch zu den „normalen" KollegInnen abwandern. Dass die Berittpferde von der neuen Herangehensweise begeistert sind, die Besitzer aber wollen, dass der Gaul einfach endlich lernt, trotz ihrer Einwirkung „die Nase runterzunehmen". Es könnte in den ersten zwei Jahren sinnvoll sein, einen Zweitjob zu haben... Aber egal. Die Lebensqualität steigert sich, auch wenn die Umsätze erst mal sinken.

Im Sinne der Pferde möchte ich möglichst **viele ReiterInnen** unterschiedlicher Richtungen ansprechen. Die GeländereiterInnen, die sich vielleicht schon länger fragen, warum ihr Pferd im Rücken durchhängt, latscht, stolpert oder durchgeht, die spirituell orientierten Pferdeleute, deren Pferde zusätzlich zum menschlichen Verständnis und dem Therapieeinsatz auch ein gutes Bewegungsprogramm benötigen, die vielen ReitweisenreiterInnen, denen die Prinzipien zwischen Techniken und Ausrüstungsgegenständen abhanden gekommen sind, die ehrgeizigen, turnierambitionierten ReiterInnen, damit diese konstruktiv an sich selbst zu arbeiten lernen und ihren Pferden eine sinnvolle Ausgleichsarbeit zukommen lassen können. Die SpäteinsteigerInnen, die wissen wollen, womit sie es zu tun haben, bevor sie ihre erste Reitstunde nehmen und die AussteigerInnen, die wissen möchten, warum sie keine Lust mehr haben, aufs Pferd zu gehen. Natürlich auch die nur-so-istischen ReiterInnen, die halt einfach nur so reiten und so reiten, wie sie reiten, weil in ihrem Verein schon immer so geritten wird.

Um Veränderungen in Gang zu setzen, möchte ich gründlich aufräumen mit all diesen angerosteten Reiterweisheiten, die Generationen von ReiterInnen zu gefühllosen Pferdekontrollierern oder unbeweglichem Ballast gemacht haben und die immer noch in den Reitvereinen und Pensionsställen ihr Unwesen treiben.

Vor allem aber möchte ich denjenigen helfen, die ihren Pferden etwas Gutes tun wollen, sich aber reiterlich überfordert fühlen, weil sie den für sich passenden Ansatz noch nicht gefunden haben, weil sie Angst haben oder weil ihnen noch die nötigen motorischen und sensorischen Fähigkeiten fehlen. Und den Pferden, die dringend Bewegung brauchen, unabhängig von den Fähigkeiten ihrer BesitzerInnen. Deshalb – und weil sie uns einen perfekten Rahmen bietet, mehr über das Pferd, seine Bewegung und seine Möglichkeiten zu lernen – nimmt die **Longenarbeit** in diesem Buch einen großen Raum ein.

Dieses Buch erhebt absoluten Anspruch auf Ungenauigkeit, Unvollständigkeit und deutliche Schwächen in den Bereichen politischer, anatomischer und orthografischer Korrektheit. Es geht um die Ideen, neuen Schwung im Denken und um Perspektivenwechsel, nicht ums Recht haben. Wer mich eines inhaltlichen Fehlers überführt, hat zumindest mitgedacht. Es gibt viele Bücher, in denen alles Wesentliche über das Reiten und die Pferdeausbildung absolut oder zumindest weitgehend korrekt beschrieben steht. Leider sind die meisten dieser Werke nahezu barrierefrei, man kann alles so verstehen, wie man meint, es ohnehin schon zu wissen.

Dieses Buch ist *nicht* **barrierefrei**. Barrierefreiheit macht unaufmerksam, schläfrig und gelangweilt. Sowohl der Körper als auch der Geist benötigen Anregung, Stolpersteine, Widerspruch und was zum Kauen. Stolpern macht wach. Ein gelegentliches „Hä?" hilft, zu hinterfragen, weiter zu denken oder zumindest mal die Suchmaschine der Wahl zu starten.

„Des Menschen Tätigkeit kann allzu leicht erschlaffen,
er liebt sich bald die unbedingte Ruh;
drum geb´ ich gern ihm den Gesellen zu,
der reizt und wirkt und muss als Teufel schaffen."

Goethe, Faust, Prolog im Himmel

Viel Spaß beim Stolpern!

Wissenswertes I

In vielen Reitställen wird immenser Druck auf unsichere Pferdebesitzer ausgeübt, die Gruppenhydraulik zwingt dazu, die eigenen Grenzen und die des Pferdes auf ungesunde Art zu überschreiten, und der Wert des Gerittenwerdens für das Pferd wird gnadenlos überschätzt. Longieren soll ganz schrecklich für die Pferdebeine sein, bekommt man immer wieder zu hören – aber mal ehrlich: Wie viele Pferde (Voltigier- und Schulpferde mal ausgenommen) sind kaputt *longiert* worden? Ich kenne keine. Die mir bekannten Dreibeiner und Rückenschmerzer sind kaputt geritten, kaputt gefüttert oder kaputt geparkt worden. Ich habe gelegentlich erlebt, dass ein Pferd nach dem Longieren Probleme hatte, was aber nicht darauf zurückzuführen ist, dass das Longieren ungesund ist, sondern darauf, dass weder dem Pferd noch dem Longenführer der Unterschied zwischen Longieren und Zentrifugieren bekannt war. In den FN-Richtlinien, Band 6, ist zu lesen, dass das Longieren in der Hand eines einfühlsamen Longenführers von hohem Wert sein kann, es falsch ausgeführt ebenso wie das Reiten (!) dem Pferd mehr schadet als nutzt. Daher halte ich es für sinnvoll, zuerst gutes Longieren zu erlernen, bevor man sich auf das Pferd setzt, vor allem, wenn die Infrastruktur keine ausreichende Betreuung für relative Reitanfänger mit eigenem Pferd hergibt. An der Longe lässt sich der Umgang mit den Bewegungen und Reaktionen des Pferdes weitgehend gefahrlos üben, und vor allem angstbesetzte Bewegungsabläufe wie das Angaloppieren und wieder Durchparieren verlieren in der Wiederholung vom Boden aus ihren Schrecken. Natürlich kann man beim Longieren Fehler machen, aber diese Tatsache unterscheidet es nicht vom Reiten. Ich möchte zeigen, dass Longieren mehr ist, als ein Pferd im Kreis laufen zu lassen. Sowohl für den Menschen, als auch für das Pferd.

Zeit

Unsere Hauptinvestition in die Pferde ist **Zeit**. Heutzutage muss alles schnell gehen: Nach ein paar Longenstunden wird in der Abteilung oder im Gelände geritten, man will das Pferd beherrschen. Nach einem Jahr steht das eigene Pferd, häufig nur angeritten, oft bereits platt geritten, im Stall. Das kann nicht funktionieren, einer zahlt drauf. Meistens das Pferd, häufig aber auch der Reiter, weil er versucht, das zu tun, was *man* angeblich tun muss. Schlechte Idee!

Wer sich die Heeresdienstvorschrift 12 zu Gemüte führt, findet darin allerlei Erhellendes (zum Beispiel, dass das Herunterfallen zu vermeiden sei). Am beeindruckendsten fand ich die Einteilung von Reitern und Pferden: Remonten im ersten und zweiten Jahr werden ausschließlich von Unteroffizieren und älteren Mannschaften geritten, Mannschaften im ersten und zweiten Dienstjahr kommen ausschließlich auf gut gerittene ältere Pferde. Das ist die Basis der Grundausbildung: Für die Pferde zwei Jahre Beritt unter erfahrenen Reitern, die wiederum ausschließlich unter Aufsicht eines Reitlehrers reiten, der seinerseits gelegentlich vom Kommandeur beaufsichtigt wird. Reiter erhalten im ersten und zweiten Dienstjahr, also zwei Jahre lang, täglich Unterricht auf gut ausgebildeten Pferden, die ggf. zur Korrektur von erfahrenen Reitern gearbeitet werden. Daher kommt die Aussage, dass die **Grundausbildung** zwei Jahre dauert. Also nicht: Drei Wochen oder Monate anreiten lassen und zwei Jahre lang abwarten. Grundausbildung bedeutet für den Reiter: zwei Jahre lang an sechs Tagen pro Woche Reitunterricht. Auf gut ausgebildeten Pferden! Macht in zwei Jahren ca. 600 Trainingseinheiten. Von den Gelände-, Manöver- und Verladetrainings ganz zu schweigen. Grundausbildung bedeutet für das Pferd: Zwei Jahre lang an sechs Tagen pro Woche Training und Beritt auf dem Platz, in der Halle und im Gelände durch erfahrene Reiter unter Anleitung eines Reitlehrers. Macht in zwei Jahren mindestens 600 Trainingseinheiten. Nicht eingerechnet Manöver, Verladetrainings, Klettern und Schwimmen mit dem Pferd.

Jetzt rechnen wir das mal um: Einmal pro Woche Reitunterricht auf *gut* ausgebildeten Pferden – die Grundausbildung dauert 12 Jahre, vorausgesetzt, man vergisst bis zur nächsten Trainingseinheit nicht immer die Hälfte. Auf *schlecht* ausgebildeten Pferden dauert sie eine Ewigkeit. Auf dem eigenen, bestenfalls angerittenen Pferd dauert sie mehrere Leben.

Wenn wir uns dann auch noch das in der H.Dv.12 beschriebene Trainingsprogramm anschauen, wird klar, dass das nicht unser Weg sein kann. Macht auch nix, wir müssen ja keinen Krieg gewinnen. Aber hier ist der Grundstein für unsere heutige Reitausbildung zu finden, und diese Grundlagen sind immer noch wertvoll, jedoch nicht kompatibel mit Spät- und Wiedereinsteigerinnen, mit Entspannungssuchenden, mit dem Anspruch von FreizeitreiterInnen. Genaugenommen auch nicht mit den körperlichen Fähigkeiten der meisten Sport- und TurnierreiterInnen. Die geschriebene Geschichte des Pferdes ist eine Geschichte von Krieg und Wettkampf und ein wenig Reitkunst.

Was ist mit allgemeiner Bewegungskompetenz für den Hausgebrauch? Mit sportlicher Bewegung ohne Höchstleistungsanspruch? Mit Problemlösungskompetenz statt hoher Schule? Mit vergnüglichem Üben um des Übens willen? Wäre das nicht ein guter Ansatz? Zu viele Reiter pauken Lektionen und Haltungen, als würde ihr Leben davon abhängen. Dabei ist es fürs Überleben auf und mit dem Pferd sinnvoller, sich mit diesem einig zu sein.

Wir benötigen **alternative Ausbildungskonzepte**, die das Pferd in die Lage versetzen, einen Reiter gut zu tragen, auch wenn selbiger weit weg ist von perfekt. *So* alternativ ist diese Idee allerdings nicht, denn sie entspricht dem oben beschriebenen Konzept der Kavallerie. Dazu schreiben Udo Bürger und Otto Zietschmann in „Der Reiter formt das Pferd": „Das Soldatenpferd hat nun nicht immer einen guten Reiter zu tragen, deshalb soll (…) frühzeitig (…) eine gewisse Selbstständigkeit des Pferdes angestrebt werden." Leider fehlen uns für den Versuchsaufbau der Kavallerie zum einen die gut ausgebildeten Lehrpferde, zum anderen die unzähligen Bereiter, die Vater Staat in der Armee zu beschäftigen und vor allem zu bezahlen pflegte. Mit Heerscharen von Pferden auf dem Niveau von Remonten und darunter und ebenso vielen Reitern auf dem Niveau des ersten und zweiten Dienstjahres müssen wir daher anders klar kommen und beginnen deshalb beim PFERD.

Was möchten die Pferde? Ein gesundes Pferd möchte sich bewegen. Frei, kraftvoll, spielerisch, gemütlich, explosiv, harmonisch, schnell, erhaben, geschmeidig, federnd, gewaltig, tänzerisch, entspannt, fröhlich…

Einige Bewegungsqualitäten sind mit dem Reiten und vor allem den Vorstellungen und Fähigkeiten ihrer ReiterInnen kompatibel, andere nicht. Bereits hier gibt es zwei Alternativen: Erkläre ich dem Pferd, was seine Aufgabe ist und trainiere es so widerstandsfrei wie möglich, wird es lernen, welche der oben genannten Qualitäten es benötigt, um einen Reiter zu tragen und welche nicht. Bekommt dieses Pferd regelmäßig die Gelegenheit, die für das harmonische Reiten weniger hilfreichen Bewegungsformen für sich alleine auszuleben, kann es sehr gut unterscheiden, was unter dem Sattel angebracht ist und was nicht. Werden die in den Augen des Bereiters negativen Bewegungen unterdrückt, bestraft und vielleicht sogar provoziert, um ein Exempel zu statuieren, lernt das Pferd entweder, den Reiter zu bekämpfen und auf den geeignetsten Moment zu warten, ihn loszuwerden, oder es gibt einfach auf, erträgt und verliert seine Schönheit und Ausstrahlung. Mit Gehorsam und Unterwerfung bekommt man im günstigsten Fall einen Lastesel, aber niemals ein Reitpferd.

Bleiben wir bei folgendem Ansatz: Das Pferd soll lernen, was seine Aufgabe ist und wie es dieser Aufgabe gerecht werden kann. Die Aufgabe muss klar definiert sein und der Lernprozess findet anfangs in sehr kleinen Schritten statt, um Widerstand zu vermeiden. Wer bereits mit großen Kämpfern gearbeitet hat

Tijani übt, Abb. 001

weiß, dass es Pferde gibt, die tödliche Gegner sein können, aber auch wunderbare Partner, wenn sie *für* ihre ReiterInnen kämpfen. Damit keine Missverstänisse entstehen, folgt auf der nächsten Seite die Definition eines schwierigen Begriffes:

Widerstand

Dieser Begriff, und vor allem sein Gegenstück, die Widerstandsfreiheit, können unterschiedlichste Meinungen, Ansichten und Emotionen hervorrufen, selbst bei Menschen, die man für abgeklärt hielt. Deshalb ist es wichtig zu definieren, was gemeint ist und wie sich das anfühlt.

Die Menschen teilen sich in zwei Lager: Die einen betrachten Widerstand als Kampf gegen jedweden Zwang und von daher grundsätzlich als gerechtfertigt. Die anderen betrachten Widerstand als eine Regung, die im Pferd im Keime zu ersticken sei, da sie die die Herrschaft des Menschen gefährde.

Für mich ist Widerstand beim Pferd in seinem Ursprung ein Zeichen dafür, dass das Pferd nicht verstanden hat, was man von ihm erwartet, dass sich etwas nicht gut anfühlt oder sogar schmerzt, oder dass es einfach kurz nachdenken muss, bevor es weiter macht. Die korrekte Antwort auf diesen Widerstand ist: Abwartend aushalten. Ich muss abwarten und aushalten, dass es jetzt nicht in meinem Tempo weitergeht, sondern in dem des Pferdes. Das Pferd muss aushalten, dass ich mein Vorhaben nicht sofort aufgebe, sondern erwarte, dass es eine Lösung findet. Es ist wichtig, dass das Pferd lernt, Lösungen zu suchen, anstatt zu kämpfen und dass es dem Menschen zutraut, ihm die Zeit zum Finden zu lassen. Das kann es nur, wenn der Mensch die Ruhe bewahrt, ohne seine Absicht aufzugeben. „Was? Äh ... warte mal ... nee, oder? ...he, nicht schubsen ... ach so! - Na, dann." Das nennt sich Problemlösungsprozess und führt mit etwas Übung meistens zu der bereits erwähnten Problemlösungskompetenz.

Widerstand im eigenen Körper, vor allem in einzelnen Gelenken oder in der Atmung, bedeutet sowohl beim Longieren als auch beim Reiten, dass ich den Lauf der Welt verlangsamen möchte, was erfahrungsgemäß nicht funktioniert. Hier hilft nur, in der Anlehnung, in der Bewegung, die Widerstände aufzulösen und sich wieder einzulassen. Widerstand lösen hat nichts damit zu tun, passiv oder lasch zu sein. Im Gegenteil, um die eigenen Widerstände auflösen zu können, muss man sich seines Denkens und seines Körpers sehr bewusst sein und diese Bewusstheit sorgt dafür, dass die blockierten Teile sich wieder in die Gesamtbewegung einfügen.

In einem konstruktiven Widerstand zwischen Reiter- und Pferdekörper balancieren sich beide aneinander neu aus. Dazu später mehr.

Wichtig: Widerstand ist – ebenso wie Druck – wertfrei! Er ist, er darf sein, er löst sich wieder auf. Erst Krampf und Zwang machen etwas Negatives daraus. Widerstand ist ein Trainingspartner, an dem wir üben können, geschmeidig zu bleiben, auch wenn etwas anders läuft, als wir uns das gedacht haben.

Die Aufgabe

Das Pferd soll seinen Reiter aktiv tragen, indem es seine Schubkraft in den gemeinsamen Schwerpunkt richtet, eine dem Ausbildungsstand angemessene aktive Dehnungshaltung beibehält, die Tragkraft der Vorhand optimal nutzt und in jeder Situation seinen Reiter mitnimmt. Das alles mit psychischer Losgelassenheit (Widerstandsfreiheit!) und physischer Kraft und Geschmeidigkeit. Das ist die abgekürzte Kurzfassung.

Leider fangen wir bei den wenigsten Pferden bei Null an. Die meisten haben bereits Probleme, die einen „normalen" Ausbildungsweg unmöglich machen. Die klassische Reiterausbildung geht davon aus, dass man auf einem gesunden, in der jeweiligen Reitweise ausgebildeten Pferd, das auf die Hilfengebung wie gewünscht reagiert, reiten lernt. Nur – wo gibt es das? Die wenigsten Reiter haben überhaupt jemals einen echten Rückengänger zu Gesicht bekommen, geschweige denn auf einem gesessen und darauf Unterricht erhalten. Und nun haben sie ein Pferd, das genauso wenig weiß, wie das alles gehen soll, wie sie selbst.

Es gibt viel zu viele Pferde, die nicht oder nicht mehr tragen können. Deshalb kommt jetzt die Theorie zum Thema Trageerschöpfung, damit wir uns danach erquicklicheren Dingen zuwenden können, beispielsweise den Möglichkeiten, die wir haben, beim Pferd unabhängig von unserer reiterlichen Qualifikation Tragkraft und für uns selbst reiterliche Kompetenz zu entwickeln.

Trageerschöpfung

Der Begriff Trageerschöpfung umschreibt ein umfangreiches Sammelsurium von Symptomen, die alle auf die gleiche Ursache zurückzuführen sind: Den Mangel an Tragkraft.

Zu diesen Symptomen gehören: Stolpern, Verweigerung bergab, Zügellahmheit, Sehnenprobleme, Rückenschmerzen, Anlehnungsfehler, Taktfehler, allgemeine Widersetzlichkeit, Steigen, Durchgehen, Eilen, Zackeln, schlechte Sattellage, athropierte Rückenmuskulatur, Passgang, unkoordinierter Galopp, stoßende und schleppende Gänge etc.

Im äußeren Erscheinungsbild zeigen die betroffenen Pferde unter anderem einen Senkrücken, eine zu weit untergeschobene oder weggestellte Hinterhand, einen zwischen den Schulterblättern abgesackten Rumpf, eine breite Brust mit heraus gedrücktem Brustbein und Kompensationsmuskulatur - Mehrfachnennungen sind möglich... Ursache sind die Kompensationsversuche von Pferden, die nicht in der Lage sind, ihre Vorhand physiologisch sinnvoll zu nutzen. Wie das aussehen kann, zeigen die folgenden Bilder, auf denen typische Beispiele für Trageerschöpfung zu sehen sind. Allerdings gibt es noch deutlich mehr Variationen, und allein mit den Bildern trageerschöpfter Pferde aus dem Landkreis, in dem ich lebe, ließe sich ein weiteres Buch füllen. Die Bilder sind nach Fotos gemalt und nicht karikiert.

Abb.002

Was versuchen diese Pferde zu kompensieren? Die Liste ist lang und reicht von falschem, fehlendem oder übertriebenem Training über schlechtes Reiten, zu schwere Reiter, Hufrehe und sonstige Huferkrankungen und -probleme, drückende und unpassende Sättel, falsche Fütterung und Haltung bis zur Sozialisation. Letzteres bedeutet, dass z.B. Fohlen in einer Herde trageerschöpfter Zuchtstuten aufwachsen und keine anderen Bewegungsvorbilder als diese haben – und sich deshalb so bewegen wie Mama. Auch psychische Erschöpfung, aus dem Gefühl, heraus, die gewünschte Leistung einfach nicht erbringen zu können, ist nicht selten. Andererseits gibt es physisch trageerschöpfte Pferde, die psychisch fit sind, weil sie für das, was sie tun, viel gelobt werden...

Leider ist die Trageerschöpfung so weit verbreitet, dass sie niemandem mehr auffällt, sie ist fast die Norm, vor allem bei den „Spezial-Rassen". Isländer mit weggedrücktem Rücken unter zu schweren Reitern, Friesen mit Hängerücken, die sich für ein Leckerli einen Knoten in den Hals machen, Quarter, denen der Rumpf zwischen den Schultern fast auf den Boden fällt, Berber in perfekter Form, die fast ausschließlich aus Haltemuskulatur bestehen, Barockpferde, die in hoher Aufrichtung mit hängendem Rücken und gefalteter Hinterhand Kunststückchen zeigen, überfütterte Haflinger, die immerhin ihr sonniges Gemüt behalten haben, Araber in Panikhaltung, die angeblich voll im Rassetyp stehen (der g´hert so!), Tinker, denen der Hals im Brustkorb steckt, hirschhalsige Traber. Zuchtstuten aller Rassen, Unmengen von Schulpferden, viele Wanderreitpferde, …   Habe ich jetzt in jedem Fettnapf einmal drin gestanden? Jedem einmal auf die Zehen getreten? Was, das deutsche Warmblut habe ich vergessen? Das ist zwar in Deutschland keine „Spezial-Rasse", gehört aber ebenfalls auf die Liste und hat als Special Effect meistens noch die Zügellahmheit zu bieten. Letztere ist definitiv eine Folge von Reiterfehlern aufgrund falscher Bewegungsvorstellungen und -absichten.

Man kann ein Pferd übrigens auch mit feinsten Hilfen in die Trageerschöpfung reiten. Dazu braucht es keine Kraft. Ein falsches Bewegungsverständnis und/oder ein schlechter Sitz reichen völlig aus. Diese wirken sich in Verbindung mit losen Zügeln ebenso negativ aus wie mit einem ziehenden Zügel, und der leichte Sitz ist nur dann hilfreich, wenn die Bewegungsabsicht stimmt. Der tollste Sattel kann einen Reiter nicht ins Gleichgewicht setzen, wenn er keines hat.

Ich schreibe das nicht, um ReiterInnen an den Pranger zu stellen. Ich schreibe das in der Hoffnung, dass der oder die Eine oder Andere wirklich mal hinschaut und erkennt, dass etwas schief läuft. Ich möchte zeigen, dass sich etwas ändern lässt, denn das habe ich bei vielen Pferden bereits erreicht: Der Friese, der leichtfüßig über den Rücken geht, anstatt Löcher in den Boden zu trampeln, die Tinker, die plötzlich einen Hals bekommen haben und mehrere Zentimeter gewachsen sind, die Isländer, die dank Ausgleichstraining an der Longe ihre Menschen unbeschadet durchs Gelände schaukeln, die Berber, die sowohl motorische als auch emotionale Kompetenz erworben haben, der Haflinger, der übt, Quarter, deren Hinterhand die Vorhand wirklich unterstützt, statt sie in den Boden zu schieben, und, oh Wunder, Araber, die in aktiver Dehnungshaltung gehen und ihre ReiterInnen *tragen*! Ehrlich, das geht, das kann man erreichen.

Man kann Trageerschöpfung nicht wegbehandeln. Man kann nur die Ursachen abstellen, die sich abstellen lassen und dann muss man das Pferd umschulen und trainieren. Das dauert mindestens zwei Jahre. Ein Pferd kann in Sekunden verstehen, wie es laufen soll, aber dann braucht es Trainingszeit.

Ich habe selbst lange nicht verstanden, wo das Problem liegt, warum ich vielen ReiterInnen nicht beibringen konnte, ihre Pferde dauerhaft in aktiver Dehnungshaltung zu reiten, warum die Hilfen, die man angeblich zu geben hatte, nicht funktionierten. Leider war ich selbst irgendwann in der Lage, sogar „dreibeinige" Pferde so zu reiten, dass sie klar gingen, hatte genug Energie, die Trageerschöpften aus dem Loch zu ziehen und war geschickt genug, den Pferden zu helfen, ihre Schwächen zu überspielen. Nur ging das alles weit über das hinaus, was die meisten meiner ReitschülerInnen umsetzen konnten.

In dem Moment, in dem ich in Tanja Richters Buch „Illusion Pferdeosteopathie" über die Trageerschöpfung las, fiel es mir wie Schuppen von den Augen. So viele Probleme hatten *eine* Ursache. Die Idee zu den Trageerschöpfungsseminaren, die ich gemeinsam mit Mara Ambros gebe, entstand nach dieser Lektüre, und seitdem haben sich meine Arbeit, mein Wissen und mein Verständnis mit Lichtgeschwindigkeit weiterentwickelt. Für mich haben sich die Biomechanik, die Erkenntnisse von Linda Kohanov, das Faszientraining, spirituelle und philosophische Sichtweisen, die klassische Reitlehre (am liebsten Steinbrecht, allerdings habe ich mich von den Sporen verabschiedet), die jeweilige aktuelle Problematik der Trainingseinheit und meine innere Wahrheit so ineinander verflochten, dass ich mich beeilen muss, alles aufzuschreiben, bevor alles eins und nicht mehr vermittelbar ist. Inzwischen gibt es eine ganze Seminarreihe zur Entwicklung der Tragkraft bei Sport- und Freizeitpferden, und die Pferde, mit denen ich arbeite, zeigen mir durch ihre körperliche, geistige und psychische Entwicklung, was möglich ist, was sich ändern lässt, wie eine positive Entwicklung aussehen kann. Desgleichen die ReiterInnen.

Trageerschöpfte Pferde haben gelernt, zu ertragen, aber nicht, im sportlichen Sinne zu tragen. Die gute Nachricht ist: Das lässt sich ändern. Durch konsequente Veränderung der Fütterungs- und Haltungsbedingungen und durch ein auf die Problematik abgestimmtes Trainingsprogramm – begleitet von osteopathischer Behandlung und guter Hufbearbeitung. Und indem man die Pferde in ihrem Sein und ihren Bedürfnissen wahrnimmt. Vielleicht auch, indem man sich in Erinnerung ruft, welches Lebensgefühl das Pferd im eigenen menschlichen Sein ursprünglich verkörpern sollte. Es gab mal einen Grund dafür, reiten zu wollen...

In diesem **Trainingsprogramm** wird nach und nach die Tragkraft des Pferdes aufgebaut, und ganz wesentlich ist hier wieder der Faktor ZEIT. Zu viele Pferdebesitzer und Trainer sind der Meinung, dass das Pferd nach ein paarmal Longieren begriffen hat, wie das mit der Tragkraft funktioniert und das jetzt einfach nur noch tun muss. Bitte auch unter dem Reiter und „zusammengestellt". Wenn ich gefragt werde, wie lange es dauert, bis das Pferd bei konsequenter Arbeit repariert ist, gebe ich die Zusatzaufgabe für den Reiter bekannt: Hundert Liegestütz, hundert Kniebeugen, hundert Rumpfbeugen und hundert Crunches. Wenn er/sie die in einer Trainingseinheit liefern kann, sollte das Pferd auch so weit sein, dass es tragen kann.

Scherz beiseite. Das Pferd muss nicht nur „verstanden haben, wie das geht", es muss Gewohnheiten ändern, es muss seine Muskulatur und seinen Faszienkörper trainieren und umbauen. Womit wir beim nächsten Informationsteil sind:

Der Faszienkörper

Ja, das ist viel Theorie, und es geht immer noch nicht los. Wem es zu viel wird, der möge diesen Teil überblättern. Ich kann nur sagen, dass diese Informationen für mich sehr hilfreich waren und sind, sie haben mein Verständnis vom Bewegungslernen komplett umgekrempelt. Aber das Buch läuft ja nicht weg, man kann auch später noch nachlesen. Den folgenden Text hatte ich bereits vor einiger Zeit in meinem Blog veröffentlicht, weil dieses Wissen eine wichtige Ergänzung zu allem darstellt, was man über Biomechanik finden kann.

Ein unwissenschaftlicher Versuch, die Erkenntnisse aus der Humanbiologie auf Pferde zu übertragen. Frei von jeglicher Fachkenntnis habe ich die Informationen aus Zeitungsartikeln und Fachartikeln aus dem Internet zusammengetragen, geschält, gewürfelt und in einem großen Topf zusammen gekocht. Da dies keine Doktorarbeit ist, sondern eine kreative Transferleistung, habe ich auf Literaturnachweise verzichtet. Jeder, der unter dem Stichwort Faszienforschung o.ä. die Suchmaschinen schickt, bekommt die gleichen Ergebnisse wie ich.

Die allgemein zur Verfügung stehenden Quellen beziehen sich zumeist auf die Arbeit von Bindegewebsexperte Thomas Myers und die von Dr. Robert Schleip, dem Leiter des Fascia Research Projects an der Uni Ulm.

Die allgemeine Vorstellung von Faszien ist: Das Bindegewebe, das überall dazwischen und drumherum ist, das verkleben kann und Schlacken einlagert – und das man behandeln kann.

Die für mich interessanteste Information ist, dass es nicht die Faszien gibt, sondern dass das Bindegewebe *ein Organ* ist, Betonung einerseits auf „ein", weil eben alles an einem Stück hängt, andererseits auf „Organ", weil es viele Funktionen und Fähigkeiten hat. Thomas Myers hat die Faszie seziert, indem er alles andere, wie Knochen, Muskeln und Organe, entfernt hat. Was danach übrig blieb, war ein Bindegewebsanzug - in einem Stück. Dieser Anzug hat hochinteressante Eigenschaften, und das Wissen darüber verändert die Vorstellung von Bewegung, von Bewegungslernen und von sinnvollem Training.

Die Faszie

- verbindet quer, diagonal und spiralförmig, meist über mehrere Gelenke und Muskeln

- ist in alle Richtungen dehnbar

- wird durch regelmäßige Belastung stärker und dehnbarer

- verbindet nicht nur Muskelketten, sondern auch die Gegenspieler miteinander

- bildet ein federndes System, das kinetische Energie (Bewegungsenergie) speichern und abgeben kann

- arbeitet in federnden Bewegungen stärker als die Muskeln

- erneuert sich im gesunden Körper alle sechs Monate

- lässt sich trainieren und erneuert sich dann in sechs bis vierundzwanzig Monaten vollständig!

- möchte anders trainiert werden als Muskeln

- bildet durch Trainingsimpulse neue Verknüpfungen – ähnlich wie im Gehirn.

Die Faszie möchte:

- propriozeptives Training, das heißt, sie möchte in ihrer Wahrnehmungs- und Reaktionsfähigkeit ebenso gefordert werden wie in ihren Bewegungen

- federnde Bewegungen

- ständig neue Bewegungsreize, wobei feine Unterschiede in der Bewegung (Richtung, Intensität, etc.) interessanter sind als starke Reize, denn erstere schulen die Wahrnehmung.

- keine ewig gleichen Bewegungen

- keine Zwangshaltungen

- Erlebnisvielfalt statt mechanischer Einfalt

- ungewohnte Bewegungsbahnen

- in ihrer Fähigkeit zur Speicherung und Entladung kinetischer Energie gefordert werden

- multiplanare Bewegungen (gleichzeitig auf mehreren Ebenen in unterschiedlichen Richtungen)

Vermutlich brauchen wir eine neue Reitlehre. „Das neue Faszientraining nach Monty Python" oder so. Sorry. Scherz.

Das Pferd nach diesen Bedürfnissen zu trainieren heißt, Abschied nehmen von einstudierten Bewegungen und Abläufen, von Lektionen. Eine Galopppirouette funktioniert dann so: Galopp. Weiter galoppieren. Tempo raus. Im Galopp wenden, bis der Reiter sich darüber klar geworden ist, wo es denn hingehen soll. Irgendwann wieder vorwärts. Im Faszientraining darf die Pirouette keine zwei Mal an der gleichen Stelle geritten und nie in die gleiche Richtung aufgelöst werden. Weniger kompliziert: Der Zirkelpunkt ist da, wo ich ihn reite. Zur Kontrolle meiner eigenen Fähigkeiten versuche ich gelegentlich, den offiziellen Zirkelpunkt zu treffen. Ansonsten ist der Zirkel dort, wo ich ihn reite.

Das Pferd nach diesen Bedürfnissen zu trainieren heißt, alle Bewegungen in ihrer Gänze zuzulassen, um Geschmeidigkeit zu erreichen. Die Federkraft der Faszie zuzulassen und zu nutzen.

Das Pferd nach diesen Bedürfnissen zu trainieren heißt, den Zirkel als Vieleck zu reiten, Biegen und Geraderichten ineinander übergehen zu lassen.

Das Pferd nach diesen Bedürfnissen zu trainieren heißt, die Interpretation meiner Hilfen durch das Pferd als Spiegel meiner eigenen Bewegungen zu akzeptieren. Boah, schwer!

Das Pferd nach diesen Bedürfnissen zu trainieren heißt, dass die Abfolge der Lektionen in Turnierprüfungen nicht vorher bekannt sein darf (auch nicht für den Reiter)!!!

Das Pferd nach diesen Bedürfnissen zu trainieren heißt, mir meiner eigenen Bewegungen und meines eigenen Faszientrainings beim Reiten jederzeit bewusst zu sein.

Das war jetzt viel Stoff. Zeit für eine Pause. Dieses Buch ist nicht zum Durchlesen gemacht. Ich erwähnte es bereits: Dies ist keine Reitlehre. Es ist ein Trainingsbuch für Hirn, Herz und Körper. Es soll dem kreiselnden Denken im Hirn die Energie geben, die nächsthöhere Umlaufbahn zu erreichen. Es kann hilfreich sein, bestimmte Abschnitte mehrmals zu lesen, das gibt mehr Schwung!

Das, was die Faszie braucht, ist das, was viele ReiterInnen erschreckt und das Fürchten lehrt, denn der Faszienkörper will sich in all seinen Möglichkeiten erleben. Schwung, Federkraft, Sprungkraft, Urgewalt. Andererseits ist es genau dieses Bewegungsgefühl, das glücklich macht, selbst beim Zuschauen. Ein Körper, in dem sich alle Teile geschmeidig miteinander bewegen, fühlt sich gut an und lässt sich durch Bewegungsabsicht steuern.

Die **Faszie als Wahrnehmungs- und Bewegungsorgan** bringt uns zu einem ganzheitlichen Bewegungsverständnis und weg von den Techniken. Techniken, in der Reiterei Hilfengebung genannt, wollen etwas bewirken. Wer Techniken lernt, will steuern und kontrollieren. Das Wissen über den Faszienkörper bringt mich zu dem Schluss, dass es mit der reiterlichen Einwirkung ebenso ist wie mit der Vollkommenheit des Pferdes: Wenn die Idee stimmt, wenn die Körper von Reiter und Pferd zusammenarbeiten, entsteht am Ende als Folge der gemeinsamen Bewegungsübungen etwas, dass der in den Richtlinien der FN beschriebenen Hilfengebung entspricht. Genauso wenig, wie man das Pferd ausbilden sollte, indem man ihm einfach die gewünschte Form aufzwingt, bekommt man einen guten Reiter, indem man ihn Hilfengebung lehrt. Beide können nur über das Üben von Bewegung und Bewegungswahrnehmung, durch Erweiterung der Bewegungsspielräume zur Vollkommenheit finden. Der Intellekt kann keine harmonischen Bewegungen erzwingen.

Man sagt über Meister (aller Sparten), dass sie alle **Techniken** beherrschen lernten, um sie dann wieder zu vergessen und zwanglos im Hier und Jetzt agieren zu können. Oder dass sie Techniken und Methoden erfinden, um ihre Schüler bestimmte Fähigkeiten entdecken und Fertigkeiten erwerben zu lassen. Es geht also um die Fähigkeiten und Fertigkeiten, nicht um die Techniken. Erlernte Hilfen sind stereotype Antworten, die in keinem Zusammenhang stehen mit den Fragen, die das Pferd oder die Situation stellen.

Begnadete Reiter auf beeindruckenden Pferden reiten oft *trotz* ihrer Techniken und Methoden genial, nicht deswegen. Deshalb hilft es nichts, sich Äußerlichkeiten abschauen zu wollen.

Die Alternative zur Anwendung von Techniken liegt in der Ausbildung des eigenen Körpers und der Bewegungskompetenz des Pferdes sowie in der Klärung der Bewegungsabsicht, die immer konstruktiv sein muss. So, wie im Universum keine Energie verloren geht, so sollte auch beim Reiten und Longieren Energie immer umgewandelt oder gelenkt und nicht abwechselnd blockiert und wieder neu erzeugt werden. Ein funktionierender Faszienkörper ist ein Geschenk, denn, ihr erinnert euch (?), er nimmt kinetische Energie auf, speichert sie für einen Moment und gibt sie wieder ab. Gibt die Streckbewegung Energie frei, lädt sie gleichzeitig die Faszie für die Beugung auf und umgekehrt. Es bewegt sich immer der ganze Körper aus allen Gelenken, und sei die jeweilige Bewegung noch so klein. Die Knochen sind die Hebel, mit denen sich die Faszie fortbewegt, denn evolutionshistorisch ist der Faszienkörper das älteste Organ. Und die Faszie hat die Knochen erfunden, um endlich aus dem Matsch heraus zu kommen! (Da hat sie aber nicht mit der Erfindung der Offenstallhaltung gerechnet...)

Biomechanik

Mit den Hebeln sind wir dann auch endlich bei der Biomechanik angelangt. Diese ist in Dr. Gerd Heuschmanns Buch „Balanceakt", WuWei-Verlag, umfassend beschrieben und bebildert, dem ist kaum etwas hinzuzufügen. An dieser Stelle vielen Dank an Dr. Heuschmann, mögen möglichst viele Reiter verstehen, wovon er schreibt.

Ich möchte die Erkenntnisse der Biomechanik mit dem Wissen um die Faszie als Bewegungsorgan verbinden. Schon Gustav Steinbrecht hat im 19.Jh. festgestellt, dass sich kaum ein Körperteil isoliert vom Rest des Körpers sinnvoll trainieren lässt, und dass es das Ganze ist, das im Verlauf der Ausbildung an Kraft, Schönheit und Gewandtheit gewinnt. Was uns Menschen beim ganzheitlichen Training im Weg steht, ist unser begrenztes Vorstellungsvermögen. Sobald wir glauben, etwas verstanden zu haben, halten wir es für unnötig, die Sache auch aus anderen Perspektiven zu betrachten. Meistens ist das erste „verstanden haben" stark vereinfacht oder in Bezug auf Bewegungslernen nicht hilfreich.

Unsere Bewegungserfahrung als Zweibeiner mit Greifhand führt uns zu der Erkenntnis, das wir unsere Gliedmaßen, vor allem die Hände, möglichst geschickt einsetzen müssen, um die Welt um uns herum zu kontrollieren, zu gestalten und zu bewegen. Über Rumpf und Füße macht sich kaum jemand Gedanken, so lange sie nicht weh tun. Wir gehen also davon aus, dass das Pferd lernen muss, seine Beine elegant zu bewegen und die Hufe fein zierlich an die richtige Stelle unter den Schwerpunkt zu setzen, damit es uns gut tragen kann. Wir unterscheiden Stützbeinphase und Hangbeinphase und wollen beim Pferd einen aufgewölbten Rücken sehen. Je weiter das Pferd die Kruppe absenkt, um so besser kann es tragen. Das ist leider Zweibeinerdenken!

Aus der Sicht des Pferdes ist alles ganz anders, und diese Wahrnehmung des Pferdes möchte ich nachfühlbar werden lassen. Als Kind konnte ich mich im Spiel und in Tagträumereien wie jedes beliebige Tier fühlen, verhalten und bewegen. Diese Fähigkeit hatten viele von uns, nur ist sie uns mit dem Erwachsenwerden abhanden gekommen und durch die begrenzten und begrenzenden Fertigkeiten des Steuerns und Kontrollierens ersetzt worden. Jetzt geht es leider nicht mehr um das Sein, sondern um das Tun. Die kindliche Unbeschwertheit finden wir vielleicht nicht wieder (was auch gut so ist, denn Kinder haben dreimal so viele Schutzengel wie Erwachsene), aber die Wahrnehmung, die Bewusstheit und die Beweglichkeit lassen sich trainieren. Wer aus der Sicht der Pferde wahrnehmen kann, hat es bei der Arbeit mit ihnen leichter.

Also noch einmal: Aus der Sicht des Pferdes ist alles ganz anders. Es benutzt seine Beine, um seinen Körper zu bewegen. Es geht nicht darum, wie und wohin das Pferd seine Beine bewegt, sondern wie und wohin das Pferd mit Hilfe seiner Gliedmaßen den Körper bewegt. Beine bewegen ist einfach. Die wiegen fast nichts. Aber diese Körpermasse! Vor allem kommt diese Masse in der Bewegung in Schwung, sie entwickelt ein Eigenleben.

Die meisten Reiter stellen sich Versammlung so vor, dass das Pferd seine Beine stärker zum Körper zieht, was für das Pferd völlig unsinnig ist. Aus Pferdesicht ist es die Aufgabe der Vorderbeine, den Boden vom Rumpf weg zu halten und die der Hinterbeine, den Rumpf, die Körpermasse, jederzeit in jede gewünschte Richtung katapultieren zu können. Aus dem Rumpf heraus müssen dann die Vorderbeine an die Stelle geschwungen werden, an der der Körper aller Voraussicht nach landen wird... Der Vorwärtsschwung der Beine ergänzt Schub- und Tragkraft und sorgt dafür, dass die Energie der Bewegung erhalten bleibt. Für das Pferd geht es darum, durch Ausrichtung der Schubkraft der Hinterbeine in die Körpermasse den Rumpf so über den Vorderbeinen zu platzieren, dass diese optimal arbeiten können. Nochmal?

Für das Pferd geht es darum, durch Ausrichtung der Schubkraft der Hinterbeine in die Körpermasse den Rumpf so über den Vorderbeinen zu platzieren, dass diese optimal arbeiten können. Letzteres nennt sich dann irgendwann Tragkraft. Dass die Hufe mit zunehmender Bewegungskompetenz an die gewünschte Stelle fallen, ist eine Folge der ganzheitlichen Arbeit, kann aber nie Trainingsinhalt sein.

Das **Zentrum der motorischen Kontrolle,** das mittlere motorische Zentrum, ist dem beweglichsten Teil der Brustwirbelsäule (14.-18. Brustwirbel) zugeordnet. Aus diesem Zentrum heraus beginnt alle Bewegung. Streckung, Beugung, und Biegung werden von dort angesteuert, hier verbinden sich Vor- und Hinterhand.

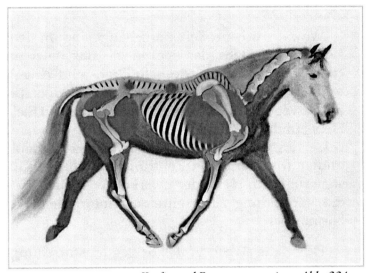

Kraft- und Bewegungszentren, Abb. 004

Das hintere motorische Zentrum liegt im Bereich des Lumbosakralgelenkes, das vordere im Bereich der hinteren Halswirbel. Dazu sollte man zwischen motorischen Zentren und Kraftzentren unterscheiden: Das vordere *Kraft*zentrum liegt in der Vorhand zwischen den Rumpfhebern, das hintere siedele ich im Bereich des Beckens und der Oberschenkel an. Zu den Kraftzentren habe ich in „Der Reiter formt das Pferd" die Beschreibung gefunden, man habe „das Gefühl, vor und hinter dem Sattel zwei gleichwertige Kraftquellen zu haben".

Der orange Punkt im Genick des Pferdes in Abbildung 004 bezeichnet für mich das „Planungszentrum". Mit unverspanntem Genick kann das motorisch kompetente Pferd jederzeit mit dem ganzen Körper seiner Nase folgen. Was weiß ich, wenn ich das weiß?

41

Eine ganz einfache Übung, um zu spüren, was mit dem mittleren motorischen Zentrum gemeint ist, besteht darin, seine eigenen Bewegungen (Seitbeuge, Rumpfbeuge, Krabbeln) aus diesem Zentrum heraus beginnen zu lassen. Nicht in den Fingerspitzen oder den Händen angefangen, sondern in der Kernmuskulatur. Die Bewegung des Rumpfes geht der Bewegung der Arme und Beine voraus. Wer den Unterschied spürt, kann das Gleiche auf dem Pferd machen und schauen, was dieses dazu sagt.

Womit wir beim Reiter angelangt sind: In den neuen FN-Richtlinien (FN-Verlag 2012) steht, das Becken sei „das **Bewegungszentrum des menschlichen Körpers** und … deshalb Dreh- und Angelpunkt einer effektiven Einwirkung des Reiters". Dem möchte ich widersprechen, denn für mich kann die Bewegungssteuerung nicht an der selben Stelle sitzen wie die Bewegung. Hebel und Punkte und so... Mir scheint es sinnvoller – und es fühlt sich auch besser an, weil der Oberkörper weniger schaukelt – das Becken aus dem mittleren motorischen Zentrum (auf Höhe 9.-12.Brustwirbel) heraus anzusteuern. Dann bleibt der Oberkörper in der Bewegung an seinem Platz und die Verbindung zum mittleren motorischen Zentrum des Pferdes ist sehr harmonisch.

Hilfreiche Arbeit in der Bewegungsforschung hat in diesem Zusammenhang Frey Faust (The Axis Syllabus, universal motor principles, 2011) geleistet, der sich mit den Problemen, insbesondere den gesundheitlichen, die in der Ausbildung und dem Training von Tänzern entstehen, befasst hat. Die Karriere von Tänzern ist auf Grund der Ausbildungsmethoden und der Bewegungsanforderungen ähnlich kurz wie die von Dressurpferden, was Frey Faust ebenfalls dadurch zu ändern sucht, dass er an der Körperintelligenz arbeitet und nicht an der zu erreichenden Form.

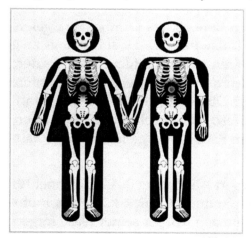

Abb.005

Willkommen im Club.

Es ist wesentlich für das Bewegungsverständnis, ein Gefühl für den eigenen Körper zu entwickeln und sich mit dessen Möglichkeiten zu befassen, um in der Folge auch ein Gefühl für das Pferd und die gemeinsame Bewegung zu bekommen. Zwei Körper, die eine Einheit bilden sollen, sind ein sehr komplexes, fehleranfälliges System.

Zurück zum Pferd und zur Biomechanik:

Bewegung kann langfristig nur gesund sein, wenn sich alle Gelenke frei bewegen können und jedes seinen Anteil leistet.

Biomechanik ist keine Biostatik. Es geht um Energie, um Schwung, um Kraft, um Bewegungs- und Kraftrichtungen. Die Energiequelle sitzt in der Hinterhand, die Energie geht von dort als Schubkraft in den Pferderumpf. Im mittleren motorischen Zentrum entscheidet sich, was mit dieser Energie geschieht: als „**innere Schubkraft**" verändert sie die Haltung und Ausrichtung des Pferdes, bringt es in eine aktive Dehnungshaltung, gibt dem Pferd innere Kraft und füllt das Reservoir auf, in dem das Pferd Kraft für Notfälle speichert. Die „**äußere Schubkraft**" beschleunigt und bewegt das ganze Pferd von A nach B. Diese Unterscheidung ist wesentlich für die Genauigkeit eurer Vorstellung von dem, was ihr erwartet, wenn ihr Energie ins Pferd schickt. Wer denkt, dass Treiben nur Tempo macht, wird auch immer nur Tempo erzeugen. Also lest erst weiter, wenn ihr die Sache mit der inneren und der äußeren Schubkraft verstanden habt.

Die gemeinhin verwendeten Bezeichnungen **Stützbein- und Hangbeinphase** werden der Biomechanik und vor allem der Arbeitsweise der Faszie nicht gerecht, denn sie vermitteln ein falsches, weil passives Bild. Mit Stützen und Hängen kommt nichts in Bewegung. Wir bräuchten für die Schwebephase in Trab und Galopp den patentierten 1t-Lufthaken, um das Pferd vom Boden wegzubringen. Die schwunglose *Vorstellung* von der Bewegung führt dazu, dass viele Pferde, die weder vom Gebäude noch vom Temperament her Schwierigkeiten mit der Schwebephase haben müssten, im Trab kaum vom Boden wegkommen und entweder eine Einbeinstütze vorne zeigen - oder sogar eine Vierbeinstütze. Letztere entsteht, wenn die Beine vorschwingen, ohne den Körper mitzunehmen und dann einfach wieder herunterfallen, um zu stützen.

Muskeln und Faszie

Wenn man die von Thomas Myers freigelegte Faszienhülle einem Skelett anzieht und beides mit etwas Schwung versieht, indem man die Konstruktion aus einem halben Meter Höhe auf die Füße fallen lässt, bewegt sich das Ganze wie ein Flummi weiter. Mit etwas Vorwärtsenergie wird ein Känguru daraus. Damit Geschwindigkeit und Richtung steuerbar werden, braucht es Muskeln. Die Muskeln arbeiten nicht isoliert von der Faszie, sondern sind in diese eingebettet und wirken mit ihr gemeinsam und in gegenseitiger Ergänzung. Im zwanglosen Zusammenspiel zwischen Muskulatur und Faszie in vielfältigen Bewegungsaufgaben entwickeln sich mit der Zeit (!) Körperintelligenz und Bewegungskompetenz, die dann in Erscheinung treten als Takt, Losgelassenheit und Schwung.

Was weiß ich, wenn ich das weiß?

Nachdem sich zu Beginn der Stützbeinphase die Faszie durch das aufgenommene Gewicht aufgeladen hat, drückt sich das Pferd bereits ab dem zweiten Drittel der Stützbeinphase durch die Entladung der Faszie wieder ab, entweder nach vorwärts (Hinterhand) oder aufwärts (Vorhand). Es handelt sich also eher um eine Schubbeinphase. Die Hangbeinphase ist genaugenommen eine Schwungbeinphase, da das Pferd einen Teil der Tragkraft und der Steuerung aus dem Vorschwingen der Gliedmaßen bezieht. Nur wenn das Pferd die gesamte Bewegung vollständig ausführt, funktioniert das System Pferd weitgehend verschleißfrei. Wird das Aufladen der Faszie behindert, beispielsweise durch falsche Hilfengebung oder Überlastung, wird mehr Muskelkraft benötigt und das Pferd muss kompensieren. Dann muss es wirklich „stützen" im statischen Sinne. Was weiß ich, wenn ich das weiß?

Die Biomechanik und das Wissen über die Faszien lassen grundlegende **Bewegungsprinzipien** erkennen, und mir erscheint es als eine sehr wichtige Entwicklung, das Training von Pferd und Mensch an diesen Prinzipien zu orientieren.

Die Orientierung an **Prinzipien** bietet einen unglaublichen Freiraum, Lösungen zu finden. Frei von Techniken, Methoden und Dogmen hangelt man sich an den Prinzipien entlang und übt sich im Wesentlichen – der Balance, der Geschmeidigkeit, der Kooperation, der Harmonie in der Bewegung. Der Prinzipienreiter ist kein „Dippl`schisser", wie der Pfälzer sagt, kein Erbsenzähler oder ähnliches.

Er hat nur grundlegende Regeln erkannt und desgleichen den Unsinn, diese Regeln umgehen zu wollen – weil jede vermeintliche Abkürzung in die Irre führt. Das macht ihn natürlich unbeliebt bei allen, die gerade einen ganz prima neuen Shortcut entdeckt haben.

Um ein brauchbares Grundwissen im Bereich Biomechanik zu bekommen, reicht es nicht aus, sich die vorhandene Literatur zu Gemüte zu führen (obgleich das nicht nur sehr hilfreich ist als Vorlage zum SelbstDenken, sondern unumgänglich). Man muss Körperteile, Faszien, Muskeln, Knochen, Gelenke, Bewegungen, Zusammenhänge und Kraftrichtungen sehen, fühlen, und in der eigenen Vorstellung weiter laufen lassen können. Das muss man üben. Das kann man lernen. Viel zu viele Reiter geben hier auf, weil sie das alles noch nicht sehen können. Das können die wenigsten einfach so. Auch ich sehe immer wieder neue Zusammenhänge, bin sicher nicht fertig mit dem Sehen üben. Aber ich habe geübt, und ich sehe eine Menge. Bei meinen ersten Versuchen vor vielen Jahren, die Fuß- und Phasenfolgen zu ergründen, habe ich mir so manchen Knoten ins Hirn gedacht, bis ich die Bewegungsabläufe endlich verstanden hatte.

Man kann sich immer wieder einzelne Teile vornehmen und beobachten, dann wieder das Ganze betrachten und wieder zurück zu den Teilen gehen, bis sich alles zusammen fügt. Mein Problem ist: Ich kann nicht auswendig lernen. Ich kann mir keine Formeln und Abläufe merken. Ich kann mir nur Sachen merken, die ich verstanden habe, die ich gefühlt habe. Mein Vorteil daraus: Ich *verstehe* vieles, was andere nur auswendig gelernt haben, auch wenn ich eine Weile brauche, dahinter zu kommen, wie die Dinge funktionieren. Euer Vorteil: Das, was ich verstanden habe, kann ich erklären.

Alles fängt mit dem **Kastanienpferdchen** an:

Unsere erste Vorstellung vom Pferd entspricht der Kinderzeichnung. Rumpf, die vier Beine, Hals, Kopf. Vielleicht noch Ohren und Schwanz. Damit fangen die Pferdebeinstöckchen vom Rumpf aus gesehen am Ellbogen bzw. am Knie an. Der Hals ist ebenfalls ein Stecken. Später bekommen die Beine in der Mitte ein Gelenk, und wir wundern uns, warum beim Pferd Knie und Ellbogen falsch herum einge-

baut sind. Wir wissen, dass das Pferd eine Wirbelsäule hat, die im Hals natürlich unter dem Mähnenkamm verläuft. Nicht ganz klar ist, wie das Pferd beim Grasen mit der Nase auf den Boden kommt... Diese und alle anderen Teile müssen wir uns erarbeiten, um nach und nach eine Bewegungsvorstellung zu bekommen, mit der wir arbeiten und das Kastanienpferdchen zum Reitpferd werden lassen können. Es reicht nicht zu

wissen, wie die Halswirbelsäule des Pferdes aussieht und wo genau in der Masse des Halses sie sich befindet. Man muss sich auch fragen, was das für die Bewegung des Pferdes und in Zusammenhang mit dem Reiten bedeutet.

Anfangs besteht das Pferd auf unserer geistigen Landkarte in erster Linie aus Terra incognita, unerforschtem Gebiet. Dass wir nicht mehr wissen, bedeutet jedoch nicht, dass da nicht mehr ist. So, wie sich im Laufe der Menschheitsgeschichte die Vorstellung von der Welt verändert hat, entwickelt sich auch unsere Vorstellung vom Pferd – und von uns selbst. Es ist gut, sich darüber klar zu werden, dass es immer ein paar Teile und Funktionen mehr gibt, als einem bewusst ist. Das ist gut für die Demut und hält das Hirn für neue Möglichkeiten offen. Das Pferd formt sich an der Vorstellung des Menschen. Unvollständige Bewegungsvorstellungen rauben dem Pferd

Teile der Bewegungsphasen, und unvollständige Bewegungen machen auf Dauer krank. Daraus ergibt sich die Verpflichtung zum Lernen, damit wir den Pferden gerecht werden können. In dem Buchteil über das Longieren werde ich auf die einzelnen Teile und Funktionen noch genauer eingehen, die Grundlage zum Verständnis liefert das nächste Kapitel.

Schubkraft und Tragkraft

Diese Begriffe werden in der Pferdeausbildung häufig verwendet und meistens missverstanden. Die Schubkraft aus der Hinterhand bringt zuerst den Pferderumpf in die Position in der thorakalen Muskelschlinge (die aus Faszie und Muskulatur bestehende Aufhängung des Brustkorbes zwischen den Pferdeschultern), die es der Vorhand ermöglicht, das Gewicht des Pferdes und das des Reiters verschleißfrei zu tragen. Die Tragkraft entwickelt sich aus der Fähigkeit der Vorhand, das Gewicht vom Boden weg vorwärts aufwärts zu federn und aus der Fähigkeit der Hinterhand, den Schub in das mittlere motorische Zentrum zu richten und damit den Rumpf immer wieder neu auszurichten. Erst wenn der Bedarf an innerer Schubkraft (zur Veränderung der Rumpfposition) gedeckt ist, kann die übrige Kraft, im folgenden „äußere Schubkraft" genannt, an der Vorwärtsbewegung arbeiten.

Das war die Zusammenfassung der Zusammenfassung der Zusammenfassung. Der folgende Text ergründet die Zusammenhänge genauer und versucht, auf alle Ja-abers einzugehen. Es gibt viele Ja-abers, denn wir alle haben anderes gelernt. Ich habe mir immer wieder die Frage gestellt: Was weiß ich, wenn ich das weiß? Und die Antwort war, dass die gesamte Hilfengebung sämtlicher Reitweisen, so, wie sie in meinem Umfeld praktiziert wird, das Thema verfehlt und nicht dort hinführen kann, wo alle hin wollen. Das war *meine* Antwort.

Ab hier liefere *ich* Informationen, und ihr fragt *euch selbst*, was ihr wisst, wenn ihr das wisst. Solltet ihr ein komisches Bauchgefühl bekommen, verärgert sein oder das Gefühl haben, ihr müsstet eigentlich aufhören zu reiten: Willkommen im Club. Wenn ihr das, was ihr wisst, wenn ihr das wisst, zur Grundlage eurer weiteren Entscheidungen macht, befindet ihr euch vom ersten Schritt an auf einem sehr interessanten Weg!

Also:

Schubkraft ist eine Energie, die einen Körper in eine bestimmte Richtung in Bewegung setzt. Tragkraft ist die Kraft, die eine Masse daran hindert, sich der Schwerkraft zu ergeben. Die Forderung, die Hinterhand des Pferdes möge Tragkraft entwickeln, bedeutet, eine Bewegungsenergie in eine statische Kraft umwandeln zu wollen (...Tischbein) und ist in dieser Form nicht hilfreich. Deshalb beschreibe ich möglichst genau, was denn im Pferdekörper in der Bewegung geschieht und wie die verschiedenen Teile in den Bewegungen zusammen arbeiten. Und was ich weiß, wenn ich das weiß...

Der Blick auf das Pferdeskelett, auf das Standbild, vermittelt *das Bild eines Reittieres, das auf vier Stützen sein eigenes Gewicht und seinen Reiter trägt*, ein vertrautes, in vielen Schriften verwendetes Beispiel. Da ein geparktes Pferd die Kniegelenke verriegelt und die Konstruktion der Vorhand und ihres Bandapparates es ihm ermöglicht, ermüdungsfrei zu stehen, wenn es den Hals fallen lassen darf, ergibt sich wirklich die Stabilität, die das Bild vermittelt.

Sobald das Pferd sich in Bewegung setzt, verändert sich alles, denn jetzt geht es um Kraft- und Schwungrichtungen, und da ein Pferd ziemlich viele Gelenke hat, werden die Kräfte mit Hilfe des Faszienkörpers (siehe ebenda) ziemlich oft umgelenkt, um die gestellten Aufgaben erfüllen zu können. Das macht es für den Betrachter nicht einfacher, aber interessant.

Um sich in Bewegung setzen zu können, muss das Pferd seine Schubkraft in seine Körpermasse richten und die Schwungkraft in die Bewegungsrichtung führen. Auf dem Weg vom Pferderumpf zum Boden und wieder zurück geht die Kraft durch alle Gelenke der Hinterhand und durch die Lendenwirbelsäule. Sprunggelenk, Knie, Hüftgelenk und Ilio-Psoas-Gruppe arbeiten in der Streckung wie in der Beugung zusammen. Bei gesunder Bewegung aus einem gesunden Faszienkörper heraus ist jedes Gelenk daran beteilig, dem Schub die benötigte Richtung zu geben. Die unteren kleinen Gelenke können, im Gegensatz zu den großen muskelbepackten oberen Gelenken, fehlgerichtete, durch Blockaden weiter oben verursachte Belastung nur in geringem Maße und kurzfristig im Bandapparat ausgleichen, für dauerhafte Kompensation braucht der Körper Muskeln. Daher die vielen degenerativen Veränderungen in den unteren Gliedmaßen von Reitpferden.

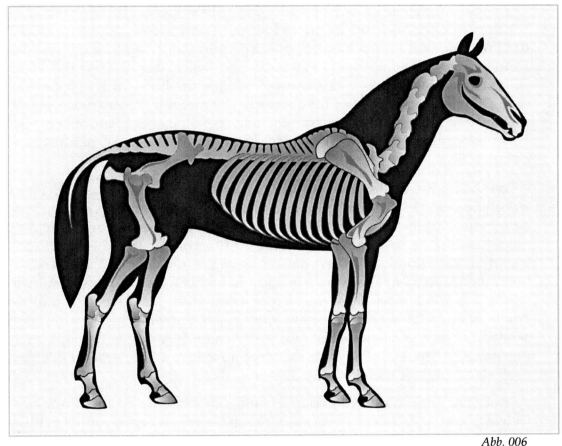

Abb. 006

Die Umlenkung der Energie durch die Faszie erfolgt über mehrere Gelenke und spiralig, es gibt keine lineare Bewegung. Man kann sich das so vorstellen, dass die Faszie wie ein Gymnastikband vom Huf ausgehend kreuz-

49

weise um alle Gelenke gezogen bis zur Pferdenase den Gelenken die Richtung gibt. Der Oberschenkel des Pferdes beispielsweise dreht sich beim Vorschwingen nach außen und beim Abdrücken nach innen (ist beim Menschen auch so). Kann die spiralige Bewegung sich nicht durch alle Gelenke fortsetzen, kommt es zu Ausgleichsbewegungen an der schwächsten Stelle: Der Hinterhuf dreht beim Abdrücken auf dem Boden. Aua.

Die Geraderichtung des Pferdes ist das oberste Ziel der klassischen Ausbildung, nur wird leider viel zu viel an der Form herumgedoktert, anstatt das Pferd sich die Funktionen seines Körpers erarbeiten zu lassen. Und das kann es ganz prima an der Longe und ohne Reiter, denn sobald das Pferd gelernt hat, seine Schub- und Schwungkraft auszurichten, kann es anfangen, sich gerade zu richten – und tut das auch. Die meisten Pferde finden es toll, gut im Kreis laufen zu können, sie sind auch bereit, das zu üben, aber in eine Form gezwungen zu werden, schadet sowohl dem Pferdekörper als auch der -psyche.

Wir Menschen stellen uns den Kreis als eine einfache Linie vor, das Pferd jedoch bewegt sich in sich spiralig schlängelnd wellenförmig vorwärts. Sobald unser begrenztes Vorstellungsvermögen dem Pferd die Möglichkeit nimmt, alle seine Bewegungen zu Ende zu führen, sobald die Form wichtiger ist als die Funktion, verliert die Bewegung an Qualität und die Gesundheit nimmt Schaden. Das, was wir üben, kann noch nicht so aussehen, wie etwas, das wir können. Also muss man beim Üben auch nicht so tun, als könne man etwas bereits, was sich noch in der Entwicklung befindet. Wesentlich ist, dass uns bewusst ist, *was* wir üben und an welche Prinzipien wir uns dabei halten. Das darf auch mal doof aussehen. Lieber ehrlich dilettantisch als zwanghaft korrekt völlig daneben.

Auf dem Weg in die Körpermitte muss der Schub durch die Ilio-Sakral-Gelenke, und in diesen recht unbeweglichen Gelenken liegt einer der Schlüssel zur Balance und zur Geraderichtung. Die Gelenkflächen sind durch starke Bänder zusammengehalten, die Beweglichkeit im Gelenk ist minimal, die Ausrichtung der Kraft ins Gelenk jedoch wesentlich. Vielleicht heißt das Gelenk ja Gelenk, weil in ihm die Kraft um-gelenkt wird? Ist der Schub aus dem Hinterbein nicht korrekt ausgerichtet, wird die Gelenkfläche ungleichmäßig belastet und die Kraft unterstützt die gewünschte Bewegungsrichtung nicht mehr. In diesem Fall hat man auf dem Zirkel das Bild, dass das Pferd aus dem Becken entweder mehr nach innen oder mehr nach außen schiebt und demzufolge entweder mit Hinterhand und Bauch herein fällt oder über die Schulter nach außen driftet.

Im ersten Fall ist zum einen die Schubkraft des inneren Hinterbeines in den inneren Hüfthöcker gerichtet statt ins Ilio-Sakral-Gelenk, während das äußere Hinterbein diagonal durch den Pferderumpf nach innen schiebt.

Im zweiten Fall ist die Schubkraft des inneren Hinterbeines diagonal durch den Pferderumpf nach außen gerichtet und der Schub des äußeren Hinterbeines geht in den äußeren Hüfthöcker. Es gibt hier im eigentlichen Sinne kein schwaches oder starkes Hinterbein, es gibt nur für das Bewegungsvorhaben unpassende Schubrichtungen.

Für das Denken ist es wichtig zu wissen, dass es genau darum geht: Um **Schubrichtungen und -kräfte**, und nicht um Endpositionen der Gliedmaße (siehe "Form und Funktion"). Wo das Pferd seinen Huf absetzt, ist zunächst egal, um nicht zu sagen völlig wurscht. Es geht zunächst um die Ausrichtung des Schubes. Die einfache Version ist, dass das Pferd sozusagen vier Steuerungsraketen hat, mit denen es seinen Rumpf in die gewünschte Umlaufbahn bringen kann. Sind diese in ihrer Stärke und Richtung nicht aufeinander abgestimmt, wird es auch mit der Umlaufbahn nichts, der Satellit verschwindet im All oder fällt zurück auf die Erde... Was weißt du, wenn du das weißt?

Für Fortgeschrittene und Literaturbewanderte:

Ich weiß, dass allgemein in der Literatur das nicht unter den Schwerpunkt Treten als Problem und das zur hohlen Seite des Pferdes „ausfallende" Hinterbein als das schwächere bezeichnet werden. „Dieses Hinterbein ist schwächer als das der Zwangsseite zugewandte. Es versucht deshalb, der Lastaufnahme auszuweichen und tritt beständig innen am Schwerpunkt vorbei. (…) In der Literatur des letzten Jahrhunderts wird diese Seite als die schwierige angesehen." (*Heuschmann, Balanceakt*)

Wenn ich die Sichtweise verändere, mein Denken auf die Schubrichtung konzentriere, muss ich nicht die Richtung des Vorschwingens verändern, sondern die Richtung, in der das Hinterbein in das Ilio-Sakral-Gelenk, von dort in die Wirbelsäule und damit in das Bewegungszentrum des Pferdes schiebt. Die Ausrichtung des Beckens wird aus dem mittleren motorischen Zentrum gesteuert. Das ist nicht schwierig, und wenn dann die Rumpfheber und -rotatoren korrekt arbeiten, ist das Problem gelöst. Dann braucht es nur noch Zeit, Trainingszeit, damit sich die entsprechende Muskulatur entwickeln kann und belastbar wird. Ein Pferd, das im Becken schief ausgerichtet ist, kann ohnehin keine Last aufnehmen – es hat, genau genommen, zwei schwache Hinterbeine, ein auffälliges und ein unauffälliges...

Ein Pferd an der Kappzaumlonge hat dieses Problem für sich schnell gelöst, wohingegen reiterliche „Hilfen" das Symptom eher verstärken.

Der Begriff „Beseitigung der natürlichen Schiefe" impliziert, dass man etwas wegmachen, verhindern will, anstatt dem Pferd einfach zu sagen, was es denn, bitteschön, tun soll. Es soll seine Schubkraft ausrichten. Das tut es dann auch mit einem erleichterten „Ach so, sag das doch gleich!", und das Ausfallen zur gedehnten Seite hin ist erledigt.

Was weiß ich, wenn ich das weiß?

Nur korrekt ausgerichteter Schub kann die **aktive Dehnung** des Pferdes erreichen – aktiv, einerseits, weil sie durch treibende Hilfen und in eine Anlehnung erfolgen soll, andererseits, weil das Pferd im Übergang zwischen Brust- und Halswirbelsäule, in der Halswirbelsäule selbst und im Genick nicht zusammenfällt, sondern **aktiv** eine exzentrische (aus der Körpermitte herausführende) Bewegung entwickelt. Diese exzentrischen Bewegungsrichtungen und die ebenso arbeitende Faszie benötigt das Pferd im ganzen Körper, um sich und seinen Reiter auf Abstand zum Boden zu halten und sich mit größtmöglicher Geschmeidigkeit zu bewegen. Nur wenn der ganze Körper exzentrisch arbeitet, kann die Faszie kinetische Energie speichern und wieder abgeben (siehe „Faszientraining"). Hier finden wir den Unterschied zwischen Tragen und Ertragen. Was weiß ich, wenn ich das weiß?

Dass es Unsinn ist, ohne Veränderung der gesamten Ausrichtung des Pferdes seine Nase vor die Senkrechte bringen zu wollen, weil man das heute so trägt, siehe „Form und Funktion". Und dass das passive Fallenlassen der Nase (durch hohe Hand ausgelöst oder gutes Zureden) ohne Schwung und Schub auf Dauer nichts bringt.

Die besagte Dehnung bezieht sich immer auf eine Öffnung der Gelenkwinkel und ihren Bezug zueinander. Dehnung bedeutet nie, Muskulatur in absoluter Dehnung arbeiten zu lassen! Jedes Gelenk kann in einem gewissen Bereich optimal arbeiten. Wird es zu stark gebeugt oder zu weit geöffnet – oder isoliert vom restlichen Körper trainiert – leiden sowohl das Gelenk selbst, weil der Druck in der Gelenkkapsel zu hoch wird, als auch die beteiligte Muskulatur. Wird ein Gelenk zu weit geschlossen, arbeitet die dazugehörige Streckmuskulatur in der Überdehnung, wie beispielsweise im Genick eines überzäumten oder im Buggelenk eines trageerschöpften Pferdes.

Durch die Schubkraft in die Wirbelsäule kann sich die Position des Rumpfes in der thorakalen Muskel- und Faszienschlinge so verändern, dass dieser von der Vorhand nach vorwärts-aufwärts gefedert wird. Der **Federweg der Vorhand** ist so gut versteckt, dass oft behauptet wird, diese könne nicht federn – was beim tra-

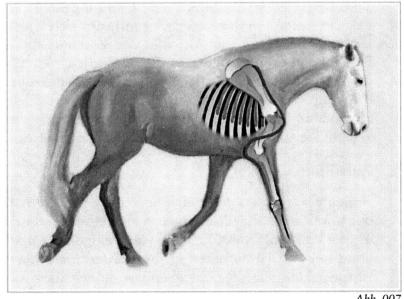

Abb. 007

geerschöpften Pferd auch zutrifft. Beim gesunden, gut trainierten Pferd bilden Unterarm, Oberarm- und Schulterblatt in Zusammenhang mit der thorakalen Muskelschlinge, die ich als zum Vorderbein gehörig betrachte, eine Konstruktion, die ähnlich funktioniert wie eine Spatzenschleuder:

Dem menschlichen Verstand fehlt hier ein anständiges, knöchernes, gut erkennbares Gelenk zwischen Schulterblatt und Brustkorb, um die Bewegung verstehen zu können. Tut mir leid, ein solches gibt es nicht. Der Brustkorb ist zwischen den Schultern in Bändern und Muskeln aufgehängt. Beim Auffußen gibt die Faszie nach, der Rumpf sinkt leicht nach unten, und beim Abfußen verkürzen sich die Bänder wieder und das Gewicht federt nach vorwärts-aufwärts in die Schwebephase. Die Faszie unterstützt die Streckung von Ellbogen- und Buggelenk und verhindert, dass diese beiden Gelenke sich zu stark beugen. Beim trageerschöpften Pferd findet kein Federn statt, der Rumpf hängt wie ein alter Einkaufsbeutel zwischen den Schultern und schwingt im passiven Bandapparat bestenfalls etwas vorwärts. Die Streckung in Buggelenk und Ellbogen ist nicht absolut, sondern findet im Rahmen der normalen Gelenkbeweglichkeit statt. Alles, was sich beugt, muss sich auch wieder strecken dürfen! Und umgekehrt. Genau genommen beugt sich ein Gelenk in der Bewegung nur, um sich wieder zu strecken. Sehr interessant bezüglich der Aktivität der Vorhand sind Serienbilder. Denn die Frage lautet immer: Wie geht die Bewegung weiter? Bleibt der Rumpf nach der ersten Hälfte der Stützbeinphase tief, oder federt er wieder nach oben? Schwingt das Vorderbein wirklich nach vorne, oder fällt es einfach wieder zu Boden? Kommt nach dem Abdrücken noch eine Schwebephase? Das Wichtigste auf Bildern ist immer das, was man nicht sieht!

Federkraft

Beim Betrachten der vielen verschiedenen Aufnahmen, die ich im Laufe der Vorarbeiten für dieses Buch gesichtet habe, ist mir aufgefallen, dass Pferde, die kraftvoll federn können, viel weniger strampeln müssen und sich seltener mit den Hinterhufen in die Vorderhufe schlagen. Die Gangmechanik ist unspektakulär, die Schwebephase jedoch stark ausgeprägt. Am Ende der Schwebephase sieht es aus, als müsse das Pferd die Vorderbeine zum Boden hin strecken (Abb. 008), um diesen zu erreichen. Es wird deutlich, dass die

Abb. 008

Beine dazu da sind, den Rumpf zu bewegen, und nicht der Rumpf, um die Beine zu heben. Bei Bodenunebenheiten, beim Überwinden von Steigungen und ähnlichen Aufgabenstellungen müssen die Beine energischer bewegt werden – um an der Stelle auffußen zu können, an der der Rumpf sie braucht, um mit ihrer Hilfe das Hindernis zu überwinden. Beine schmeißen ist kein Selbstzweck! Der Unterschied zum verspannt schwebenden Pferd besteht darin, dass bei diesem sich die Muskulatur in Dauerspannung befindet, beim gelassenen Federn aus dem Faszienkörper die Muskeln jedoch locker arbeiten können.

Rumpfbeweglichkeit

Um zu verstehen, was ein „Rückengänger" ist, muss man sich die Komplexität der Rumpfbewegungen klar machen. Ich kenne viele „Bilder", wie Reiter sich die Funktion des Pferderückens und die Rückenbewegung des Pferdes vorstellen, weil ich immer wieder nachgefragt habe, um zu wissen, womit ich es zu tun habe. Wenn jemand eine Vorstellung im Kopf hat, lässt diese sich durch neue Informationen nur schwer verändern, weil das neue Wissen in die alten, falschen Vorstellungen integriert wird – und was nicht passt, wird ignoriert. Deshalb zähle ich hier einige *nicht* hilfreiche Bilder auf:

- Der Rücken schwingt zwischen Vor- und Hinterhand wie eine Hängematte.
- Der Rücken ist eine nach oben gewölbte Brücke zwischen Vor- und Hinterhand.
- Der Rücken kommt automatisch hoch, wenn der Hals aufgerichtet wird.
- Der Rücken kommt automatisch hoch, wenn der Hals fällt.
- Das Pferd muss im Rücken nachgeben.
- Der Pferderumpf muss eine gleichmäßige gebogene Form einnehmen (Zirkel, Seitengänge).
- Das Pferd muss die Rückenmuskeln anspannen, um zu tragen.

Da die Wirbelsäule beim Reiten immer in Bewegung ist, sollte man sie auch in Bewegung verstehen. Deshalb hole ich aus zu Max Thun-Hohenstein, der die Bewegungen – allerdings beim Menschen – zurück zu den evolutionären Wurzeln geführt hat. Mensch und Pferd lassen sich allerdings nur bedingt aufeinander beziehen, wie mir Horst Tiwald in langen Diskussionen klar gemacht hat, weil sie zwar gemeinsame Urahnen haben, jedoch nicht von einander abstammen. Aber immerhin gibt es gemeinsame Ahnen, das hilft, auch wenn das Pferd auf dem Boden geblieben ist, während der Mensch den Umweg über den Baum genommen hat.

Am Anfang war die Faszie, das Bindegewebe, das sich molluskenartig bewegt hat (dabei zieht sich das Bindegewebe abwechselnd in unterschiedlichen Richtungen zusammen). Diese Faszie hat sich, wie bereits erwähnt, Knochen zugelegt, zunächst nicht, um die Knochen zu bewegen, sondern mit Hilfe der Knochen die Körpermasse. Wirbelsäule und Rippen ermöglichen es beispielsweise der Schlange oder, evolutionshistorisch passender, dem Fisch, sich durch wechselseitiges Dehnen und Verkürzen der die Wirbel und Rippen verbindenden Muskulatur schlängelnd fortzubewegen. Eine zweidimensionale Bewegung, die die Wirbelsäule des Pferdes ebenfalls macht, nur weniger offensichtlich.

Bei der Echse kommt durch die Beine eine gewisse gegenläufige Rotation entlang der Längsachse zustande, die beim Pferd im Bereich des Brustkorbes und des Halses ebenfalls noch vorhanden ist. Dann entwickelten sich die langen Beine, die es dem Körper erlaubten, sich vom Boden abzudrücken, und mit ihnen die Beuge- und Streckfunktion der Wirbelsäule.

Diese drei Bewegungsmöglichkeiten sind beim Pferd zwischen allen Wirbeln, außer den ersten beiden Halswirbeln, in unterschiedlicher Ausprägung vorhanden. In einer gesunden Wirbelsäule finden alle diese Bewegungen immer und zwischen allen Wirbeln statt, und obwohl die Beweglichkeit zwischen jeweils zwei Wirbeln sehr gering ist, kommt auf die gesamte Länge des Pferdes einiges zusammen (immerhin kann das Pferd sich mit den Zähnen an der Kruppe und mit dem Hinterfuß hinterm Ohr kratzen).

In der Lendenwirbelsäule und deren Verbindung zum Becken sind Beuge- und Streckfähigkeit sehr ausgeprägt, während kaum seitliche Biegung möglich ist. Diese findet, wie die Rotation um die Längsachse, in stärkerem Maße erst wieder in der Brustwirbelsäule statt (hier finden sich in der Literatur unterschiedliche Ansichten). Der beweglichste Bereich liegt zwischen dem 14. und 18. Brustwirbel – in der hinteren Sattellage. Was weiß ich, wenn ich das weiß?

Beim gerittenen Pferd verringert sich die Rumpf*beweglichkeit* zu Gunsten der Stabilität - vielleicht kann man die **Leistungsgrenze** eines Körpers dort ansetzen, wo einzelne Gelenke durch die umgebende Muskulatur völlig ruhig gestellt, also blockiert werden, um die Gesamtbelastbarkeit zu erhöhen. Die Belastung eines Pferdes durch Aufgabenstellung und Reitergewicht darf demnach meines Erachtens nur so groß sein, dass das Pferd sich noch in *allen* seinen Gelenken bewegen kann, wie klein diese Bewegung auch immer sein mag. Das bedeutet für das Training des Pferdes, dass seine Gesamtbelastbarkeit immer in Zusammenhang mit der Beweglichkeit gesehen werden muss, und dass unser Bewegungsverständnis viel zu leisten hat! Für eine ungefähre Bewegungsvorstellung sollten diese Informationen ausreichen, wer es noch genauer wissen möchte, findet im Internet einige interessante Publikationen über die Wirbelsäule des Pferdes. Wenn ich mir das selbst nochmal durchlese, komme ich zu dem Schluss, dass der Begriff „Tragkraft" eine geistige Krücke für Reiter ist, für das Pferd in Bewegung jedoch nicht existiert. Was weiß ich wenn ich das weiß?

Grmpf. Dass mich keiner mehr versteht... ? Nein, ich weiß, dass der Begriff „**Haltemuskulatur**" für mich als Pferdemensch ein falsches Bild dessen ergibt, was ein Pferd tun muss, um sich geschmeidig zu bewegen. Auch das, was als Haltemuskulatur bezeichnet wird, muss sich bewegen, nur sind diese Bewegungen weniger sichtbar, teils, weil die entsprechenden Muskeln so tief im Pferd liegen, zum anderen, weil die Pferde die Vorstellung von „Haltemuskulatur" vom Menschen übernehmen und es kaum Pferde gibt, die sich nicht vor Überlastung in dieses Korsett retten müssen.

Wenn ich diese Vorstellung auf Menschen übertrage und mir anschaue, was beim Menschen geschieht, werden die Zusammenhänge klarer: Viele Menschen, die schwere körperliche Arbeit leisten, bekommen früher oder später Rücken- , Schulter- oder Knieprobleme, weil das Gewicht der zu bewegenden Masse dauerhaft zu groß ist, um in der Körpereinheit aus allen Gelenken bewältigt zu werden. Hier kommt Haltemuskulatur ins Spiel. Diese Haltemuskulatur schützt und überbrückt einzelne Gelenke, was auf Dauer zu Lasten der übrigen Gelenke geht. Es hat seinen Grund, dass „Mobilisierung" ganz oben auf der Hitliste der manuellen Therapie steht! Und zwar bei Mensch *und* Pferd.

Andere Menschen können lange körperlich arbeiten, weil sie ganzheitlich, mit innerem Schwung und aus dem gut trainierten Faszienkörper heraus agieren. Und weil sie die Grenzen ihrer Kraft kennen und respektieren! Damit das Pferd sich in allen Teilen und aus allen Gelenken heraus bewegen kann, muss es erst sehr lange üben, unter der eigenen Körpermasse alle Bewegungen vollständig zu machen. Und dann kann es unter einem Reiter das Gleiche üben, aber immer nur so lange, bis es aus Ermüdung heraus versucht, das Gewicht zu „halten" statt es zu bewegen. Was weiß ich, wenn ich das weiß?

Der „**schwingende Rücken**" ist in diesem Zusammenhang als Fernziel der Ausbildung zu sehen, da das Pferd, um wirklich losgelassen schwingen zu können, ein hervorragendes, umfangreiches Training benötigt. Um ein Pferd so weit auszubilden, braucht es einen sportlichen Reiter, der die Bewegungen des Pferdes so durchlässt, dass Schwingung überhaupt entstehen *kann*.

Die Frage lautet jedoch nicht: „Schwingender Rücken oder Schenkelgänger?". Der schwingende Rücken entwickelt sich, wenn das Pferd als Rumpfgänger genügend Kraft und Bewegungskompetenz erarbeitet hat, um in der kraftvollen Bewegung ohne Spannung und Kompensation losgelassen zu gehen. Das, was ich in diesem Buch beschreibe, „macht" keinen schwingenden Rücken, führt aber durchaus auf den Weg dorthin. Das Pferd mit dem schwingenden Rücken ist ein Leistungssportler, und für die Überprüfung der eigenen Zielsetzung ist es gut, sich bewusst zu machen, wie viel Zeit, Engagement und Leistungsfähigkeit es braucht, um selbst als Turner oder Tänzer auf ein derartiges Niveau zu kommen. Der Weg ist lang, anstrengend und nur dann befriedigend, wenn Körper und Geist mitspielen.

Ein Pferd kann als Rumpfgänger mit freien Bewegungen und mit guter motorischer Kompetenz lange gesund seinen Job machen, wenn die Anforderungen seinen Möglichkeiten und den Fähigkeiten des Reiters angepasst sind. Viele Pferde, die unter dem Reiter noch nicht genügend Kraft haben, fangen zu ihrer eigenen Überraschung an der Longe manchmal an, im Rücken zu schwingen.

Ein Schenkelgänger kann nie zu einem Rückengänger werden, indem man ihn weiter so trainiert, wie man das schon immer gemacht hat. Man kamn ein Pferd nicht mit den Techniken zum Rückengänger machen, die es zum Schenkelgänger werden ließen. Ich glaube, das ist für viele Reiter am schwersten zu verstehen: Wenn man das Gleiche immer weiter macht, braucht man nicht mit einem anderen Ergebnis zu rechnen.

Fertige Bilder können diesem Themenkomplex nur schwer gerecht werden. Deshalb schenke ich euch eine leere Seite, auf der ihr Zeichnungen zum Text machen könnt: Die motorischen Zentrem, Schlängeln, Rotieren. Spatzenschleuder, Schwingungen, Kraftzentren. Rumpfgänger, Schenkelgänger, Rückengänger. Fragt euch nochmal, was die Informationen der vorangegangenen Seiten bedeuten. Für euch, für euer Pferd, für eure Vorstellung vom Reiten. Kritzelt eure Ideen auf's Papier, bis euer Verstand sie akzeptieren kann. Je länger ihr schon Reiter seid - um so länger müsst ihr kritzeln.

Kritzelseite

Wissenswertes II

Ist die Hinterhand kraftlos oder die Dehnung nach vorne durch Zügelzug und Reitergewicht blockiert, rotiert der Brustkorb nach hinten unten (Abb.009), bis der Schwerpunkt wie in einer Hängematte zwischen Vor- und Hinterhand, hängt und die Spatzenschleuder nicht mehr funktionieren kann. Da schlängelt nichts mehr, dann muss die Vorhand das Gewicht ziehen, anstatt zu federn, der natürliche Bewegungsfluss ist zerstört. Trageerschöpfung ist die Folge. Was weiß ich, wenn ich das weiß?

Je stärker die Vorhand werden darf, um so größer wird die Tragkraft und um so leichter ist die Schubkraft zu kontrollieren. Die gut trainierte Vorhand ist die Verbündete des Reiters. Die gut trainierte Vorhand versetzt das Pferd erst in die Lage, das Reitergewicht zu tragen und sich verschleißfrei auf geraden und gebogenen Linien zu bewegen. Die Vorhand

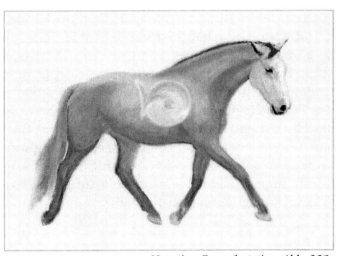

Negative Rumpfrotation, Abb. 009

kann am besten in exzentrischen Bewegungen in der aktiven Dehnung trainiert werden, und nur in dieser Dehnung kann sich die Hinterhand korrekt ausrichten und mit ihrer Schubkraft die Tragkraft unterstützen. Schiebt die Hinterhand in die falsche Richtung, wie oben beschrieben, können sich weder Hals und Rücken dehnen, noch die Vorhand Last aufnehmen. Was weiß ich, wenn ich das weiß?

Die Sache mit der Balance

Es geht darum, aus der Perspektive des Pferdekörpers wahrzunehmen, nicht darum, wer recht hat. Lege ich den Waagebalken mittig über die Vorhand und betrachte das Pferd von der Nase bis zur Lendenwirbelsäule, liegt der Schwerpunkt hinten, da Rumpf und Bauch schwerer sind als Kopf und Hals. Ein Reiter auf dem Rücken trägt nicht zur Verbesserung der Balance bei. Um ein Gleichgewicht herzustellen, benötige ich entweder mehr Masse vorne oder weniger Masse hinten. Also alle Beteiligten abspecken und ein schön schweres Gebiss vorne rein? Hm. Plan B: Wir wenden uns an Einstein und holen uns aus der Hinterhand Energie, um die Verhältnisse zu verändern. Wer möchte, kann versuchen, das durch die Umstellung der Formel $E=mc^2$ auf die Reihe zu bringen – ich nehme die Longierpeitsche. Der Punkt ist: die aktive Hinterhand bzw. die aus ihr erzeugte Schubkraft bringt Energie, mit deren Hilfe der Waagebalken ins Gleichgewicht über seiner Auflage findet. **Die Hinterhand ist keine Stütze.** Eine zunehmende Aufrichtung vorne ist abhängig von der Fähigkeit des Pferdes, seine Schubkraft von hinten unten nach vorwärts-aufwärts in die Körpermasse zu richten und diese Masse dann auch nach vorwärts-aufwärts zu bewegen. Das setzt voraus, dass das Pferd die großen Gelenke der Hinterhand bei Bedarf beugen kann, dass die Hinterhand geschmeidig, gewandt und funktional arbeitet. Eine dauerhaft unter den Rumpf geschobene, in Beugung *gehaltene* Hinterhand wirkt zwar sehr gehorsam, geht aber mit der Zeit kaputt. Die Faszie jedoch wird durch angemessene Trainingsbelastung gleichzeitig stärker und dehnbarer. Was weiß ich, wenn ich das weiß?

Dass das Pferd ein Recht auf zivilen Ungehorsam hat (denn wie viele Reiter lassen in der versammelnden Arbeit die Faszie sich entladen? Genau. Deshalb darf das Pferd das tun. Hüpf. Schnalz.).

Sobald die Vorhand im positiven Bewegungsablauf arbeitet, schwingen die Hinterfüße fast von alleine unter das Pferd, in die für die Ausrichtung der Schubkraft optimale Position. Das Untertreten der Hinterfüße ist eine Folge korrekten Trainings und nicht die Voraussetzung. Das Untertreten der Hinterfüße ist eine Folge korrekten Trainings und nicht die Voraussetzung. Das Untertreten der Hinterfüße ist eine Folge korrekten Trainings und nicht die Voraussetzung. (Textmarker raus, anstreichen!) Die Beugung der Gliedmaßen geschieht durch die Auf- und Entladung der Faszie auf ebenem Untergrund fast von alleine, dafür wird nur dann Muskelkraft benötigt, wenn das Gelände mehr Bewegung erfordert oder wenn die Hinterfüße unter eine zusammengesackte, trageerschöpfte Vorhand gezogen werden müssen. In etzterem Fall weist die verkrampfte Bauchmuskulatur, als Dampfrinne sichtbar, auf einen negativen Bewegungsablauf hin.

Reitweisen und Pferderassen

Keine Reitweise kann die biomechanischen Gesetze ändern, sie kann nur die Schwerpunkte der Ausbildung den Stärken der Pferde anpassen. Ich sehe eine Reitweise nicht als ein historisches Ausstattungsspektakel oder einen Fundus von Spezialtechniken, sondern als eine Sammlung von Ausbildungsinhalten und -erfahrungen, die sich auf bestimmte Pferde(-rassen), die bestimmte Aufgaben erfüllen können sollen, beziehen. Die verschiedenen gewachsenen regionalen Reitweisen haben, *wenn* sie verantwortlich und unter Berücksichtigung der biomechanischen Prinzipien und der individuellen Leistungsfähigkeit von Pferd und Mensch ausgeführt werden, alle ihre Berechtigung.

Unterschiedliche Pferde unterschiedlicher Rassen haben unterschiedliche Fähigkeiten und Möglichkeiten. Ein positiver Bewegungsablauf ist für alle die Grundlage ihrer weiteren Ausbildung. Meine Erfahrung hat gezeigt, dass sich die Reitweisen vor allem in den bevorzugt gemachten Ausbildungsfehlern unterscheiden, sich in ihren Zielen und der Definition eines gut ausgebildeten Pferdes jedoch stark ähneln. Jede Reitweise bietet eigene Techniken, die die Ausbildung des Pferdes vermeintlich beschleunigen können, aber leider meistens kontraproduktiv wirken und in die Trageerschöpfung führen. Die Biomechanik ist, wie bereits erwähnt, reitweisenunabhängig und unbestechlich. Die grundlegenden Fähigkeiten, die Reiter und Pferde in ihrem Leben erwerben sollten, sind in den verschiedenen Reitweisen ebenfalls ähnlich. Jedes Arbeitspferd muss, wenn es lange gesund seinen Dienst tun können soll, über lange Zeit und lange Strecken einen Reiter tragen können. Es muss sich bei Bedarf aufnehmen lassen, beschleunigen, wenden, halten, es muss klettern können, springen und schwimmen. Es benötigt Kraft, Ausdauer, Nervenstärke und Bewegungskompetenz. In der Wohlstandsreiterei unserer Zeit wird versucht, ein perfektes *Bild* eines solchen Pferdes zu erzeugen, ohne die Qualitäten des wirklichen Lebens zu erfahren und ohne auf die Bedürfnisse der Pferde einzugehen. Das Pferd soll so *aussehen, als wäre es ein authentisches Arbeitspferd mit sportlicher Ausstrahlung,* aber niemand macht sich Gedanken darüber, wie viel Trainingszeit es benötigt, besagte Kraft, Ausdauer, Nervenstärke und Bewegungskompetenz zu erwerben. Und kaum jemand macht sich Gedanken darüber, wie Pferde diese Qualitäten unter Reitern erwerben sollen, die selbst nicht damit ausgestattet sind.

Reitkunst

Wenn Bewegung zur Kunst wird, steigen die Ansprüche an Pferd und ReiterIn. Kunst bedeutet Ausdruck, Leichtigkeit, Schönheit, weit über die durchschnittlichen Qualitäten des Gebrauchspferdes hinaus. Reitkunst, die keine solide und vielseitige Grundausbildung (von Pferd *und* ReiterIn!) als Basis hat, ist Kunstreiten und nicht geeignet für die Welt außerhalb des Reitplatzes. Diese drei Sätze stehen hier als Anregung zum Selbstdenken.

Jetzt ist es an der Zeit, sich Pferde live anzuschauen, geritten, ungeritten, an der Longe oder frei. Denken, Wahrnehmung, Erfahrungen, neues und altes Wissen müssen sich zusammenraufen, und das benötigt Zeit. **Synapsentraining**. Es empfiehlt sich, zunächst fremde Pferde anzuschauen und dann erst das eigene, damit die Wahrnehmung nicht gleich wieder in die alten Spurrillen rutscht. Buch mitnehmen. Zettel machen mit den Stichwörtern, mit denen ihr euch befassen wollt. Nicht bewerten, sondern beobachten und Zusammenhänge ergründen. Schlängeln, horizontal und vertikal, Dehnung, Schwung, Rumpfheber. Illio-Sakral-Gelenk. Delfine. Eisbären. Faszie.

....

....

....

....

....

....

Als nächstes geht es um die **Macht der Vorstellungskraft**. Ich mag die Werbung einer großen Baumarktkette: „Wenn du es dir vorstellen kannst,

kannst du es auch bauen" (Die haben auch zur artgerechten Haltung einen schönen Slogan: „Es sind die schmutzigen Jungs, die die Herzen brechen").

Diese Vorstellungskraft lässt sich gut trainieren, und wer nicht in die Eso-Ecke geschoben werden will, nennt das Mentaltraining. In Sportlehre und -forschung hat dieses geistige Training bereits einen festen Platz. Es gibt auch Bücher über das Mentaltraining für Reiter, aber die befassen sich meist eher mit der geistig-emotionalen Verfassung des Menschen und den im Außen zu erreichenden Zielen. Ich möchte zeigen, wie man sich Bewegung so vorstellen kann, dass das Pferd an diesen Vorstellungen Orientierung findet. Deshalb habe ich so viele Seiten darauf verwendet, Begriffe zu klären, nicht hilfreiche Vorstellungen und Glaubenssätze bewusst zu machen und Informationen durchzureichen. Das geht auch so weiter! Denn wenn ich unterrichte (vor allem in den ersten Unterrichtseinheiten) oder mich mit Reitern unterhalte, wird mir bewusst, dass vieles von dem, was ich zu vermitteln versuche, nicht ankommt, weil das Hirn des Reitschülers oder Gesprächspartners voll ist mit nicht kompatiblen Bewegungsvorstellungen und Dogmen. Ein kleiner Tipp zum Umgang mit dem eigenen Verstand: Alle Fragen, die mit **„Ja, aber....** " anfangen, weisen auf Glaubenssätze hin. „Ja, aber..." sagt euch, dass euer Verstand glaubt, etwas zu wissen, und dass dieses vorhandene Wissen alles Neue blockieren wird. Formuliert euren Text um, bis eine Frage entsteht, die eine weiterführende Antwort zulässt. Beispiel (einer meiner Favoriten): „Ja, aber – das Pferd muss doch lernen, die Nase runter zu nehmen!" . Eine von vielen möglichen *hilfreichen* Fragestellungen wäre: „*Warum* nimmt mein Pferd die Nase nicht runter?"

Wer seine „Ja, aber..."-Fragen nicht in den Griff bekommt, hat keine Chance, etwas zu lernen und sich weiter zu entwickeln. Macht euch das klar. Ihr seid nicht euer Verstand, und der Verstand ist kein Werkzeug, er ist ein Werkzeugkasten mit vielen hilfreichen Werkzeugen drin. Wenn ihr immer nur den Hammer benutzt, sieht jedes Problem aus, wie ein Nagel!

Einer der größten Feinde der hilfreichen Bewegungsvorstellung, nicht nur beim Reiten, ist das Streben nach der idealen „Endposition". Körperteile sollen in bestimmten Winkeln zueinander oder zur Horizontalen oder Vertikalen stehen, der Körper soll einer Formvorgabe entsprechen.

Form und Funktion

Es gilt in der Pferdeausbildung genauso wie in der Kampfkunst oder beim Tanzen, dass die Form aus den Bewegungen heraus entsteht, mit der ein Körper die ihm gestellte Aufgabe zu lösen sucht. Diese Bewegungen verändern sich im Laufe der Ausbildung, wenn der Körper mehr Kraft, Gewandtheit, Geschmeidigkeit, Erfahrung und allgemeine Problemlösungskompetenz erwirbt. Damit verändern sich auch die Form, die Haltung, die Endpositionen der Gliedmaßen – das gesamte Erscheinungsbild.

Wer mit der vermeintlich idealen Form beginnt und diese ohne definierte Bewegungsaufgaben zu erreichen sucht, vergisst, dass die ideale Form nicht der Zweck des Übens oder der Inhalt der Trainingseinheit sein kann, sondern nur das Ergebnis langfristiger gelungener Arbeit. Das gilt sowohl für das Erscheinungsbild des Pferdes als auch das des Reiters. Die Form ergibt sich aus der aktuellen Aufgabenstellung in Verbindung mit den bis dahin erworbenen Fähigkeiten.

Das sehe ich sehr gut an meinen Reitschülerinnen, deren „Haltung" sich eindeutig verbessert, wenn der Körper eine Bewegungsaufgabe zu erfüllen hat, und die aus der Balance kommen, sobald sie versuchen „Hilfen" zu geben. Und ich sehe es an den Pferden, mit denen ich an der Longe arbeite: Mit zunehmender Bewegungskompetenz verändert sich das Bild, verändert sich das Gefühl in der Hand, die Pferde zeigen spielerisch „Stellung", Schulterherein und werden leicht im Genick, weil sie sich ihrer Fähigkeit, mit dem Körper der Nase zu folgen und Schub-, Trag-, Schwung- und Fliehkraft zu beherrschen, sicher sind. Das alles, ohne aus der Anlehnung zu fallen.

Soll dieser Prozess durch den Einsatz von Techniken, Hilfszügeln oder Hebelgebissen beschleunigt werden, gleicht der Erfolg in etwa dem, im Frühjahr an den Krokussen zu ziehen, auf dass diese endlich blühen mögen (wofür ich vollstes Verständnis habe, denn es hat annähernd vierzig Jahre gedauert, bis das Leben mir eine ungefähre Vorstellung von der Bedeutung des Wortes **Geduld** vermitteln konnte). Für die paar Ungeduldigen unter euch sei erwähnt: Geduld hat nichts mit Untätigkeit zu tun. Im Gegenteil. Geduld haben mit sich und dem Pferd bedeutet, dass man einfach erscheinende und grundlegende Übungsreihen einfach *noch zweihundertfünfzig mal* *oder öfter* wiederholt, sich ein paar Wochen, Monate oder Jahre mehr Trainingszeit nimmt, um im Einfachen richtig gut zu werden, anstatt auf hohem Niveau zu stümpern. Jede Beschränkung der Bewegung des Pferdes mit dem Ziel, die Idealform früher zu erreichen und/oder es unter Kontrolle zu halten, führt in die erlernte Hilflosigkeit (ein Zustand, in dem sich ein erschreckend großer Teil der Pferde befindet. Der englische Begriff lautet „learned helplessness" und ist in der Rollkurdiskussion zu trauriger Berühmtheit gelangt).

Eine Schülerin hat mich gefragt, wer denn wann festgelegt habe, was richtig und was falsch sei, wie das Pferd auszusehen habe und wie diese Ansichten entstanden seien. Solche Ansichten entstehen, wenn jemand versucht herauszufinden, was ein anderer wie tut, die Vorgänge aber zu komplex sind, um sie vom derzeitigen Wissensstand des Betrachters aus in ihrer Gänze verstehen zu können. Oder wenn jemand, der weiß, was er tut, einem Schüler vereinfachend zu erklären sucht, woran man ein gut gerittenes Pferd erkennt. Das Offensichtliche in der Bewegung sind die jeweiligen Endpositionen. Pferdenase senkrecht, Unterarm waagerecht, Hinterfuß siegelt oder tritt über und so weiter, in beliebiger Reihenfolge und reitweisenangepasst. Diese Endpositionen sind eindeutig, sie werden zum Maß aller Dinge – unabhängig von der Qualität der Bewegungen und der Harmonie im Pferdekörper und zwischen Reiter und Pferd.

Das Problem lässt sich weder lösen, indem man die geforderten Endpositionen umdefiniert (Nase vor ...), noch indem man die alten Methoden „feiner" verwendet. Auch wenn es anstrengend ist, wer den Pferden gerecht werden will, muss wesentlich tiefer in die Materie eintauchen als er es sich zu Beginn der Reiterkarriere vorgestellt hat, sehr genau beobachten – sich und das Pferd – und vor allem sowohl selbst denken als auch seine Gedanken mit anderen selbst Denkenden austauschen. Es ist wichtig, Wissen auszutauschen, nicht nur Meinungen. Es gibt in der Reiterwelt zu viele Menschen, die ererbtes Gedankengut unhinterfragt zur Grundlage ihres Handelns, ihres Reitunterrichtes und ihrer Pferdeausbildung machen, und zwar Menschen, von denen andere glauben, sie wüssten Bescheid. Da ich meine, lange genug allein auf weiter Flur gewesen zu sein mit der Fragestellung: „Was machen die da eigentlich, warum tun die das und würden sie es anders machen, wenn ihnen jemand erklären würde, wie das geht?", werfe ich mit diesem Buch alle Informationen und Verknüpfungen, die mir zur Verfügung stehen, unters Volk, auf dass dieses selbst denkt und Eigenmacht entwickelt. Und unbequem wird.

Eine weitere Blockade der Vorstellungskraft – nach dem Festhalten an der Form - entsteht durch die Angst vor **Kontrollverlust:** man hält krampfhaft an allen Methoden und Techniken fest, mit denen man glaubt, ein Pferd unter Kontrolle halten zu können.

Hier findet sich einer der Hauptgründe, warum so wenige ReiterInnen mit ihren Pferden wirklich zusammenarbeiten. Sie wollen und können sich nicht von der Vorstellung trennen, ihr Pferd beherrschen zu müssen. Vor allem ängstliche Reiter, deren Fähigkeiten ohnehin nicht ausreichen um auch nur einen Anflug von Widersetzlichkeit in den Griff zu bekommen, üben verbissen, Pferd und Situation unter Kontrolle zu behalten.

Ich habe mich von diesem Konzept vor langer Zeit verabschiedet und gehe arbeitsteilig vor. Mensch erarbeitet sich die motorische Kompetenz des eigenen Körpers und die Kontrolle des eigenen Geistes in Verbindung mit emotionaler Kompetenz und gibt dem Pferd die Möglichkeit, sich *seine* körperliche, geistige und emotionale Kompetenz zu erarbeiten. Das dauert am Anfang länger, denn jetzt kann niemand mehr die eigene Angst und das fehlende Gleichgewicht im Kampf mit dem Pferd abarbeiten, sondern jedeR muss sich mit der Angst und dem eigenen Körper ebenso konsequent beschäftigen wie mit dem Pferd.

Wenn erst die Grundlage geschaffen ist, geht es zügig vorwärts, denn während die anderen immer noch darum kämpfen, die Kontrolle zu erhalten, kann man sich längst mit dem Bewegungslernen befassen. Ein Pferd, das gelernt hat, Lösungen zu finden, anstatt sich vorübergehend zu ergeben, ist für mich der angenehmere Partner. Ein „bezwungenes" Pferd ist eine begrenzt kontrollierbare Urgewalt, und wenn sich ein Pferd mit Zeit, Ruhe, Erfahrung und Konsequenz nicht zur Mitarbeit bewegen lässt, sollte man die Finger davon lassen oder es an einen Menschen, der Zugang zu ihm findet, abgeben.

68

Der **Versuchsaufbau**

Mein Ansatz in der Pferdeausbildung besteht darin, dass das Pferd bereits ohne Reiter an der Longe lernt, sich physiologisch sinnvoll zu bewegen, Verantwortung für sich, seinen Körper, seine Bewegungen und irgendwann auch einen Reiter zu übernehmen, und darin, dass das Pferd die Kraft und Gewandtheit entwickelt, die es später benötigt, um einen Reiter zu tragen. Das Pferd braucht Zeit zum Üben. Ein Pferd kann nicht allein deshalb einen Reiter tragen, weil es ein Pferd ist. Viele moderne Pferdetypen machen es den Reitern vermeintlich leicht, weil sie „von Natur aus" aussehen wie ein Reitpferd, und sie machen es leider auch leicht, sie kaputt zu machen. Besonders schwer haben es auch die Pferderassen, die erst seit verhältnismäßig kurzer Zeit auf Reitpferdeeigenschaften gezüchtet werden. Ein Pferd ist nur so stark, wie der schwächste Punkt in seinem Gebäude!

Das steht im Gegensatz zu der Theorie, man müsse so bald wie möglich drauf aufs Pferd, bevor dieses genügend Kraft hat, sich zu wehren. Man hört diesen Spruch immer wieder, vor allem von Menschen, die meinen, dass man ein Pferd unterwerfen muss. Es geht auch anders.

Der Versuchsaufbau, mit dem ich mich befasse, geht davon aus, dass Mensch und Pferd gemeinsam lernen und ihre Zeit miteinander so gestalten, dass alle Beteiligten ihre Qualitäten und Fähigkeiten in der für sie angemessenen Geschwindigkeit entwickeln können. Und zwar so, dass sie sich die meiste Zeit in Komfort- und Dehnzone aufhalten und die Panikzone meiden. Die **Komfortzone** ist der Bereich, in dem man sich wohl fühlt, in dem man gerne bleiben möchte. Allerdings findet hier keinerlei Veränderung und Entwicklung statt. In der **Dehnzone** begegnen wir Unbekanntem, wir probieren etwas aus, was wir noch nicht können. Es entsteht ein leichter Leidensdruck, der uns dazu bringt, den gemütlichen Sessel der Komfortzone zu verlassen und neue Fähigkeiten und Sichtweisen zu erwerben. Zu lernen. Wenn zu viel Neues auf einmal über uns herein bricht, wir uns sogar bedroht fühlen, geraten wir in die **Panikzone**. Flüchten, Kämpfen oder Erstarren sind die Möglichkeiten, die uns dann noch bleiben. Die Anforderungen sind zu hoch, klares Denken und Fühlen funktionieren nicht mehr, die Instinkte übernehmen die Führung.

Das, was man am häufigsten zu sehen bekommt, wenn man eine beliebige Reithalle betritt, sind Reiter und Pferde in oder am Rande der Panikzone, mit angehaltenem Atem, verkrampfter Muskulatur, im Stress. Auf der anderen Seite die Reiter, die ihre Komfortzone gefunden haben und dort ganz sicher nie mehr heraus möchten, weil sie froh sind, weit weg von der Panikzone zu sein. Lernen ist nur dann möglich, wenn alle Beteiligten bereit sind, sich immer wieder in die Dehnzone zu begeben. Anfangs ist die Dehnzone nur ein ganz schmaler Streifen zwischen Komfortzone und Panikzone, und es geht darum, diesen Bereich bewusst zu betreten und zu erweitern, um mehr Spielraum zum Üben zu gewinnen. Durch die Arbeit in der Dehnzone werden Achtsamkeit, Stressresistenz und Handlungsfähigkeit gestärkt, die Panikzone rückt für Mensch und Pferd in immer weitere Ferne.

Meine Erfahrungen haben gezeigt, dass ein Pferd, das sich von einem guten Reiter zusammenhalten und in Form bringen lässt, noch lange nicht in der Lage ist, einen schwachen Reiter so zu tragen, dass es selbst keinen Schaden nimmt. Ein schwacher Reiter hat keine Chance, ein Pferd zusammenzuhalten, schon gar nicht durch das Erlernen von Hilfen.

Das Pferd muss lernen, sich gut zu bewegen und nicht, gut zu gehorchen. Der Reiter muss lernen, sich gut zu bewegen, und nicht, das Pferd zu etwas zu zwingen.

Unser System ist an dem Punkt in die Irre gegangen, an dem versucht wurde, Reitern und Pferden fertige Techniken, sprich: Hilfen aufzudrücken und Pferde zum Gehorsam zu zwingen, anstatt sie zu lehren, sich gut zu bewegen – und natürlich auch, sich gut zu benehmen. Das war lange vor unseren Lebzeiten, denn Steinbrecht führte diese Klage bereits im 19. Jahrhundert, und auch damals war diese vermutlich bereits so alt wie die Klagen über die Verwahrlosung der Jugend. Da wir heute unsere Freizeit mit Pferden verbringen möchten, haben wir die Wahl, mit welchen Gefühlen und welchem Anspruch wir das tun wollen. Wir benötigen einen stressfreien Raum, in dem ReiterInnen mit eigenem Pferd die Qualitäten, die ein Reiter mitbringen sollte, wenn er ein Pferd ausbilden möchte, entwickeln können, anstatt Techniken zu pauken und zu hoffen, dass der Rest irgendwann von alleine kommt. Alle Informationen, die ich zusammengetragen habe, sollen dabei helfen, mit Hirn, Herz und Bauch eine Wahl zu treffen, mit der alle Aspekte unseres Seins einverstanden sein können.

Bei der Ausbildung des Pferdes lehne ich **Hilfszügel** grundsätzlich ab, da das Pferd zuerst mit sich selbst in die Balance kommen muss, was es nicht kann, wenn das Fasziensystem kurzgeschlossen wird. Die Zügel sollen eine lebendige Verbindung zwischen Reiter und Pferd darstellen und beiden die Möglichkeit geben, sich aneinander auszubalancieren. Das Pferd darf seinen Reiter mit Hilfe der Zügel anders platzieren, der Reiter darf sich in diesem Moment am Zügel umorganisieren. Die Zügel geben dem Pferd die Möglichkeit, den Reiterkörper in seine Körpereinheit zu integrieren. Hilfszügel ersparen Reiter und Reitlehrer, sich vom Pferd die Meinung sagen zu lassen. Ein Pferd, das einen Reiter an der Longe nicht ohne Ausbinder in aktiver Dehnungshaltung tragen kann, ist entweder überarbeitet, falsch longiert, unzureichend ausgebildet oder der Reitschüler muss einfach seinen Körper verändern – das Feedback des Pferdes sollte fester Bestandteil des Unterrichts sein, wenn der Schüler das Pferd nicht wie einen Automaten erfahren soll.

Wir haben heute die Wahl. Jeder, der sein Geld nicht mit Pferden verdienen muss, hat die Wahl. Und auch die, die das müssen, haben die Wahl, nur fällt bei den Berufsreitern die Entscheidung stärker ins Gewicht, was den Lebensplan angeht – und es wird noch unbequemer als bei den anderen. Dieses Buch soll zeigen, dass es eine Wahl gibt, dass es Handlungsspielräume gibt und dass es möglich und notwendig ist, Entscheidungen zu treffen. Wer sich gegen Hilfszügel entscheidet, wählt gleichzeitig ein anderes Lernen und Reiten.

Wenn ich also einfach meiner Arbeit nachgehe, lernt erst das Pferd, sich alleine an der Longe zu bewegen, dann übt es das mit Reiter drauf, während der Reiter *sich* übt: oben bleiben, ausbalancieren, in der Bewegung bleiben, mit dem Pferd eine Einheit bilden. Wer bereits über ausreichende Reiterfahrung verfügt und an der Longe gespürt hat, wie sich sein Pferd anfühlt, wenn es trägt, kann mit dem Pferd Ausritte in allen stressfrei abrufbaren Gangarten und Tempi machen. Sobald das Pferd signalisiert, dass es ermüdet und in negative Bewegungsabläufe kommt, wird abgesessen und geführt. (Zur Grundausrüstung des Reiters gehören gute Wanderschuhe und natürlich mit diesen kompatible Sicherheitssteigbügel.) Alle anderen lernen Longieren und gehen mit ihren Pferden spazieren. Bewährt hat sich Teamwork der ReiterInnen untereinander, man unterstützt sich gegenseitig beim Üben. Dazu später mehr.

Dem **Ausbildungsfortschritt** sind meistens durch die zur Verfügung stehende Zeit, den Geldbeutel und das Wetter (die wenigsten meiner Schüler verfügen über Reithallen oder wetterfeste Plätze) Grenzen gesetzt. Allgemeine Regel: verändere, was du verändern kannst, akzeptiere, was du nicht ändern kannst und passe den Plan der Situation an. Viele Reiter merken nicht, wenn sie aus vermeintlichen Sachzwängen Ausreden basteln. Man kann sein Training den Gegebenheiten anpassen, es gibt nur wenig, was einen völlig davon abhalten kann, etwas mit dem Pferd zu unternehmen, von einem flächendeckenden Eispanzer und ernsthafter Krankheit einmal abgesehen. Wer sich bei Ausreden ertappt, sollte sich fragen, wovor er sich wirklich drückt, denn oft ist einem die jeweilige Problematik nicht bewusst.

Ein wetterfester Roundpen ist fast überall realisierbar und sollte zur Grundausstattung gehören. Denn: Man muss ein Pferd nicht reiten, aber man muss es bewegen! Und zwar so, dass es auch mal richtig durchschnauft. Ein Pferd, das wochenlang herumsteht, aus welchen Gründen auch immer, wird irgendwann krank.

Kapitel II

LONGIEREN I

Basisinformationen zum Longieren

> *„Längeres Longieren hat sich für die spätere Ausbildung jedoch immer günstig ausgewirkt"*
>
> *Alois Podhajsky, Die klassische Reitkunst*

Dieses Kapitel kann keine praktische Einweisung in die Arbeit an der Longe ersetzen, es soll ein paar Grundregeln erläutern und vor allem Hintergrundwissen vermitteln. Jeder Reiter arbeitet grundsätzlich in eigener Verantwortung mit seinem Pferd, und es ist im Zweifelsfall hilfreich, sich genau zu überlegen, ob man das Geschriebene auch richtig verstanden hat und gegebenenfalls nachzufragen oder um Hilfe zu bitten. Was ich schreibe, schreibe ich nach bestem Wissen und Gewissen und entsprechend meinem aktuellen Erkenntnisstand, aber leider habe ich keinen Einfluss darauf, wie meine Texte interpretiert werden.

Noch eine Anmerkung vorab: In der Grundausbildung arbeite ich nicht mehr mit Seitengängen, weder an der Hand noch vom Sattel aus. Nicht, weil **Seitengänge** schlecht sind, sondern weil es mit der Schubkraft, der Dehnung, der Tragkraft und der Fliehkraft bei der Organisierung der Bewegung im Vorwärts in der zur Verfügung stehenden Zeit mehr als genug zu tun gibt. Daher – und weil die verschiedenen Schiefen von Reiter und Pferd bereits genügend ungewollte Seitwärtsbewegungen verursachen - liegt die Priorität meiner Arbeit im Erwerb motorischer Kompetenz im Vorwärts und im Geradeaus, bis die Geraderichtung auf dem Zirkel gesichert ist. Es ist mir bewusst, dass sowohl Pferde als auch Reiter sehr stolz darauf sind, sich in Seitengängen (wie auch immer die dann aussehen) bewegen zu können, jedoch ist das Verhältnis zwischen der Begeisterung einerseits und der Fähigkeit, gezielt geradeaus zu reiten andererseits, meistens umgekehrt proportional. Korrekt gerittene Seitengänge sind eine schöne Sache, aber ganz ehrlich: beim Zuschauen gruselt es mich bis in die höchsten Klassen. Deshalb: gestrichen.

Zunächst ein paar **Hinweise zur Ausrüstung**:

Das Kopfstück ist ein leichter, gut sitzender **Kappzaum**, der so hoch geschnallt ist, dass er die Atmung nicht behindert. Dieser Kappzaum wird verwendet, weil er am günstigsten Punkt „zum Richtung zeigen", auf dem Nasenbein einwirkt. Er ist kein Unterwerfungswerkzeug. Er soll dem Pferd nicht lästig sein und keine Schmerzen zufügen. Hat das Pferd grundlegenden Benimm nicht bereits in der vorbereitenden Bodenarbeit (Führen, Wenden, Halten, Stehen) am Halfter gelernt, muss es zurück in den Kindergarten. Der Kappzaum ist nicht zur Schnellerziehung gedacht.

Longieren am Gebiss führt bei der Arbeit ohne Hilfszügel oft dazu, dass entweder das Sperrhalfter Zug aushalten muss, für den es nicht gemacht ist (wenn die Longe durch Trensenring und Sperrhalfter verschnallt wird), oder dazu, dass sich das Gebiss im Pferdemaul schief zieht. Zudem sind die Handwechsel mit Kappzaum einfacher, und die Folgen unbeabsichtigter Handwechsel, wie sie zu Beginn vorkommen können, sind übersichtlicher.

Bitte keine Longierbrille verwenden. Nie. Die Longierbrille ist absolut untauglich und kontraproduktiv, eines der unsinnigsten jemals erfundenen Hilfsmittel. Literatur und Internet sind voll mit Begründungen, deshalb spare ich mir die an dieser Stelle.

Die **Longe** (Gurtlonge mit Schnalle, ohne Stege, ohne Karabiner, ohne Wirbel. Seil ist zu schwer oder zu dünn.) stellt die Verbindung zwischen Mensch und Pferd dar. An der Longe soll das Pferd sich ausrichten, es darf dieser Verbindung nicht ausweichen. Die Longe dient nicht dazu, den Pferdekopf hereinzustellen, sie bestimmt den Radius der Umlaufbahn. Die Stärke der Anlehnung ist verhandelbar, wird im Laufe der Ausbildung jedoch immer feiner. Anfangs ist es gut, wenn das Pferd die angebotene Stütze im Vorwärts sucht, mit zunehmender Bewegungskompetenz ist es immer weniger darauf angewiesen. Wesentlich ist, dass die Verbindung immer bestehen bleibt, denn später beim Reiten ist der Weg in die Anlehnung und von dort zur Verfeinerung der gemeinsamen (!) Bewegung der Gleiche.

> *„Erfahrungsgemäß wird das Pferd die gleiche Anlehnung, die es sich an der Longe angewöhnt hat für gewöhnlich auch am Zügel suchen."*
>
> *Alois Podhajsky, Die klassische Reitkunst*

Der **Platz** sollte einen griffigen Boden haben, weder zu tief noch zu hart oder schmierig, damit das Pferd unverspannt üben kann. Je besser das Pferd sich ausbalancieren kann, desto entspannter kann es mit schwierigen Untergründen umgehen. Zu Beginn sollte alles so einfach wie möglich sein. Wie bereits erwähnt: Wer sein Pferd für sich privat hält, ist gut beraten, sich einen wetterfesten Round Pen oder Picadero mit überzeugender Umzäunung zu bauen, der es ermöglicht, jedes sich bietende Zeitfenster im Terminkalender und in Schlechtwetterperioden zu nutzen.

Wichtig: Grundsätzlich **Handschuhe** tragen! Es kann immer mal passieren, dass ein Pferd heftig wird, sei es aus Protest, in Panik oder aus Übermut, für bloße Hände besteht dann eine ernsthafte Verletzungsgefahr.

Die **Longierpeitsche** sollte zum Temperament des Pferdes passen, bei dem Einen reicht ein Zeigestöckchen, beim Anderen bedarf es einer „Maßnahme". Das Pferd muss sich ohne großen Aufwand in Bewegung setzen lassen. Es darf keine Angst vor der Peitsche haben, muss diese aber respektieren. Desgleichen muss die Peitsche zu den Fähigkeiten des sie verwendenden Menschen passen. Für den Anfang tun es die „Unkaputtbarmodelle", denn die leichten Teleskoppeitschen sind zwar toll, aber auch teuer und zerbrechlich.

Jetzt kommt der schwierige Teil. Der **Longenführer**, die **Longenführerin**.... SelbigeR ist ein erfahrener Pferdemensch, kann denken wie ein Pferd, hat eine klare Vorstellung davon, wie sich das Pferd bewegen soll, was seine Aufgabe ist, wie es sich für das Pferd anfühlen soll, wie sich die Verbindung in der Hand anfühlen soll, steht immer an der richtigen Stelle, bewegt sich, wenn es nötig ist, hält aus, wenn es angebracht ist und hat eine klare Ausstrahlung von „Das is´ so, weil das is´s so, weil das jetzt so ist. So is´fein." Ihr erkennt euch da nicht wieder? Dachte ich mir. Deshalb geht jetzt alles Schritt für Schritt. Das Pferd darf auch mal rennen, um aber die wilden Rösser des menschlichen Geistes unter Kontrolle zu bekommen, braucht es Zeit und ÜBUNG (siehe Seite 96).

Wer anfängt mit Longieren und davon noch keine Ahnung hat (und man hat wesentlich länger keine Ahnung, als man denkt), sucht sich Hilfe. Möglichst jemanden, der in der Lage ist, ein Pferd in Ruhe im Kreis laufen zu lassen und ungefähr erklären kann, wie er das macht. Ist ein solcher Jemand nicht zu finden, sollte man einen einfachen **Longierkurs** belegen, um ein paar grundlegende Dinge über die technischen und Sicherheitsaspekte zu lernen. Auf dieser Grundlage kann man mit einem nicht zu schwierigen Pferd anfangen zu üben. Grundsätzlich gilt: Wenn es Probleme gibt, einen oder zwei Schritte zurück, bis dahin, wo es einfach ist. Oder die Trainingseinheit abbrechen, Sicherheit für alle Beteiligten geht vor! Versteht das Pferd einen bereits beim Antreten nicht, benötigt man einen Helfer, der eine Weile als „zweites Pferd" am Pferdekopf mitläuft und Antreten und Anhalten übt.

Was auch immer man in einem Kurs gelernt oder in einem Buch gelesen hat: Das Pferd erkennt die Hilfen nicht einfach deshalb, weil es ein Pferd ist. Es hat auch das Buch nicht gelesen. Anfangs (und nicht nur dann) kann man davon ausgehen, dass das Pferd recht hat und aus seinen Reaktionen viel über die eigene Körpersprache und die Klarheit der Absicht lernen. Hilfengebung ist zu einem großen Teil Verhandlungssache, und Pferde sind flexibel. Kurse und Bücher vermitteln ein Basiswissen, das einem mit etwas Glück hilft, die gröbsten Fehler zu vermeiden. Die eigentliche Arbeit mit dem eigenen Pferd ist in erster Linie Persönlichkeitsentwicklung für alle Beteiligten. Genormte Hilfengebung gibt es in meinem Arbeitsgebiet nicht, da ich mit Pferden aller Rassen, aller Reitweisen und aller Ausbildungsstufen arbeite. Das, was ich tue, um meine Absicht zu vermitteln, orientiert sich an den Reaktionen des Pferdes, und die Pferde lernen sehr schnell, in den geistigen Bildern zu lesen.

Ganz wesentlich: Hört auf eure **Gefühle**, bevor sie als **Emotionen** das Geschehen bestimmen. Die alte Reiterweisheit, man dürfe einem Pferd nie zeigen, dass man Angst hat, führt zu gefährlichen Situationen. Pferde spüren Inkongruenz – wenn Fühlen und Handeln im Gegensatz zueinander stehen – sehr deutlich, und wer gegen seine Gefühle handelt, wirkt auf ein Pferd wie ein gefährlicher Irrer. Denn das Pferd kann die Zusammenhänge und wovor der Mensch sich denn nun fürchtet nicht einschätzen. Den Umgang mit Gefühlen und Gedanken kann man jedoch üben. Das Denken kann Manieren lernen wie ein Jungpferd und die Gefühle werden kooperativ, wenn man sie beizeiten wahr nimmt.

Gefühle

Gefühle sind immer ein Signal. Dieses Signal ist sehr persönlich und muss sich nicht im Außen zeigen. Ein Gefühl in seinem Ursprung gibt einen Hinweis darauf, dass etwas beginnt, falsch zu laufen oder auch darauf, dass gerade etwas Wichtiges geschieht (nicht zu verwechseln mit der Emotion, die aus unbewussten, ungewürdigten und verdrängten Gefühlen entsteht und gerne die Führung übernimmt). Sobald dieses Gefühl bewusst geworden ist – und diese Bewusstheit ist wesentlich! - lässt sich auch die Information dahinter erkennen.

Sehr hilfreich in diesem Zusammenhang sind die Emotional Message Charts von Linda Kohanov aus „Botschafter zwischen den Welten" (Das ganze Buch ist sehr zu empfehlen, ebenso wie das nächste, „The Power of the Herd", das hoffentlich bald in deutscher Sprache erscheint). Diese Arbeit zeigt den Unterschied auf zwischen sehr ähnlich erscheinenden Gefühlen, deren Verstärkung und den damit in Zusammenhang stehenden Botschaften. Da Pferde sehr stark auf menschliche Gefühle und besonders auf unterdrückte Gefühle reagieren, gehört es zu den wichtigsten Vorbereitungen auf die Arbeit mit Pferden, diese Gefühle rechtzeitig und differenziert wahrzunehmen. Das hat nichts zu tun mit emotionalen Reaktionen und dem „Ausleben" von Gefühlen!

Die für die gemeinsame Entwicklung mit Pferden wesentlichsten Gefühlspaare sind für mich „Ärger und Frustration" und „Angst und Verletzbarkeit". Ärger ist immer ein Zeichen dafür, dass Grenzen überschritten wurden: Der Stallbesitzer hat sich nicht an die Fütterungsabsprachen gehalten, die Reitbeteiligung lässt ihren Kram überall herumliegen, andere Einsteller geben pausenlos und ungebeten Ratschläge, das Pferd läuft durch einen durch. Spätestens im letzteren Fall macht das Pferd uns klar, dass wir uns unserer Grenzen zu lange nicht bewusst waren und dass die Welt es als Sport betrachtet, diese zu ignorieren. Grenzen setzen kann man, wenn man rechtzeitig damit anfängt, sowohl freundlich als auch effektiv. Wartet man zu lange, rotten sich viele kleine Ärgerelemente zusammen, steigern sich gemeinsam zu Zorn, und die Kommunikation wird heftiger als nötig.

Frustration fühlt sich ähnlich an wie Ärger, sie weist jedoch darauf hin, dass das, was man tut, zu keinem Erfolg führt oder sogar zum Gegenteil dessen, was man bezweckt. Hier ist es notwendig, das Vorgehen zu ändern, neue Ideen zu suchen oder um Hilfe zu bitten. Die Steigerung der Frustration ist nahezu identisch mit der von Ärger.

Das Gefühl von Angst bezieht sich auf eine körperliche Gefährdung – die Angst vor einem Durchgehen des Pferdes, vor einem physischen Angriff, vor Verletzung durch Unfall. Diese Angst ist lebensrettend, wenn wir sie im Umgang mit Pferden verspüren, sollten wir aus der Situation so schnell wie möglich heraus gehen (absitzen, Roundpen verlassen etc.), versuchen herauszufinden, was die eigentliche Ursache war und uns einen neuen, sichereren Versuchsaufbau überlegen. Das hat nichts mit „Kneifen" zu tun, sondern mit Bewusstheit.

Verletzbarkeit ist die Angst des Egos vor Schwäche, Erniedrigung und Versagen vor sich selbst und anderen. Hier bringt uns eine gewisse Risikobereitschaft nicht um, sondern fördert die persönliche Entwicklung. Verletzbarkeit ist ähnlich wie in Brennesseln greifen: Anfangs tut das ziemlich weh, irgendwann merkt man, dass es einem nicht mehr so viel ausmacht, wenn es mal passiert, und eines Tages langt man bewusst hin, weil man gerade beim Unkraut jäten ist und zu faul, die Handschuhe zu holen.

Die vier Schritte im Umgang mit diesen und anderen Gefühlen sind: (1) das Gefühl bewusst machen, (2) die Ursache erkennen, (3) etwas verändern oder, wenn das nicht geht, akzeptieren, und dann (4) loslassen. Zurück zum Grasen, wie Linda Kohanov das nennt.

Alle, die hierzu mehr wissen wollen, sollten die Bücher von Linda Kohanov lesen, nähere Angaben finden sich im Literaturanhang.

Je mehr Gefühle unerkannt und ungewürdigt in der Zwischenablage herumliegen, um so eher wachsen sie sich zu Emotionen aus, die sich nicht mehr eindämmen oder kontrollieren lassen. Ordnung halten ist hier sehr hilfreich. Wer „geordnet" und bewusst in eine Trainingseinheit geht, nimmt genau wahr, was im Augenblick geschieht, und der unbewusste Kreislauf der ungerechten Entladungen wird unterbrochen. Die Arbeitsfrustration wird im nächsten Meeting bearbeitet, der Familienärger setzt neue Grenzverhandlungen in Gang, und die Verletzbarkeit lässt den Mut, stilvoll zu scheitern, wachsen.

Die innerliche Aufgeräumtheit hat noch dazu den Vorteil, dass die **Empathen** unter uns, diejenigen, die die Emotionen anderer spüren und sogar aufnehmen, sowohl die von Menschen als auch die von Pferden, merken, wenn eine Emotion nicht zu ihnen gehört. Im Gefühlschaos fällt das nicht auf, und das innere Durcheinander wird immer größer, je geladener die äußere Atmosphäre ist.

Es gibt übrigens sehr viele Empathen, besonders in der Pferdewelt, deshalb sind emotionale und mentale Hygiene sehr wichtig, um eine gute Stimmung im Stall aufzubauen. Es ist auch nicht mehr peinlich, über diese „Grenzbereiche" zu sprechen, die meisten haben sich bereits damit befasst oder sind auf der Suche nach Antworten. Je mehr Menschen ganz selbstverständlich über die „anderen 90%" des Gehirns und der Kommunikation reden, um so normaler wird es. Die, die sich das nicht trauen, sind oft ganz erleichtert, wenn ihre Wahrnehmung als normal empfunden wird. Wer der Meinung ist, dass es „mehr (gibt) zwischen Himmel und Erde als eure Schulweisheit sich träumen lässt", ist gut beraten, sich einen Stall zu suchen, in dem dieses Mehr als interessant, als nächste Entwicklungsstufe betrachtet wird und nicht als leicht bescheuert.

Ein weiteres „seltsames Bauchgefühl" entsteht, wenn **die innere Wahrheit** sich zu Wort meldet. Wenn man etwas tut, weil man meint, man müsse das tun, es gehöre sich so oder andere hätten gerne, dass... Wenn man sich nicht traut, das zu tun, was man wirklich möchte und statt dessen freudlos seine Pflichten erledigt. Wenn das Wort „eigentlich" zu häufig Verwendung findet.

Um der inneren Wahrheit gerecht zu werden, muss man nicht sofort den Job hinschmeißen, sich scheiden lassen und auswandern. Das geht auch in kleinen Schritten. Kreativität ist gefragt. Wer „eigentlich" keine Lust hat zu reiten, sich „eigentlich" zu schlapp fühlt, „eigentlich" zu schlechte Laune hat, darf das „eigentlich" streichen und sagen: „Ich habe keine Lust, ich bin schlapp, ich habe schlechte Laune, ich möchte nicht reiten." Dann fällt ein großer Stein vom Herzen, man kann spazieren gehen, das Pferd hingebungsvoll putzen, ihm auf der Wiese beim Grasen zusehen. Vielleicht kommt dann ein kleiner Impuls, mit Freude etwas zu tun. Dem kann man folgen, und dann kommt der nächste Impuls. Es könnte doch noch ein schöner Tag werden.

Es kann auch sein, dass jemand über einen längeren Zeitraum nicht reiten möchte. Eine meiner Reitschülerinnen hat zu Beginn unserer Arbeit alles abgegeben und mich zweimal pro Woche ihre Pferde an der Longe arbeiten lassen, und das über mehrere Monate. Bis der Impuls kam. Heute ist sie begeistert dabei und hat ein tolles Verhältnis zu ihren Pferden, die sich in ihrer Persönlichkeit stark zu ihrem Vorteil verändert haben. Es gibt also allerhand zu tun, vor allem in euch selbst. Deshalb lasst euch Zeit mit den Anforderungen ans Pferd, denn wenn die Grundlagen stimmen, geht das Training leicht und fröhlich.

Das Pferd fängt an, sich an der Kappzaumlonge zu üben, während sein Mensch **sehen, fühlen und verstehen** übt. Das ist Schritt eins. Da Pferdeausbildung in den seltensten Fällen linear verläuft und meine Arbeit sich vor allem auf die schwierigen Situationen mit fehlender Grundausbildung aller Beteiligten bezieht, werde ich hingebungsvoll abschweifen, damit erkennbar wird, was warum wie oder auf keinen Fall gemacht wird. Diesem Buch mangelt es ganz entschieden an Linearität, was sich aus der natürlichen

Struktur der Gedankengänge ergibt und keinen Grund für Reklamationen darstellt.

Ein wenig geistige Geschmeidigkeit ist bei der Ausbildung von Pferden ohnehin hilfreich, denn unabhängig von dem, was wir uns für eine Trainingseinheit vorgenommen haben, spielen das Pferd, das Wetter, die Mitreiter, das Feriencamp am Reitplatz und alle möglichen anderen Einflüsse mit. Es kann helfen, das Leben als Problemlösungsspiel zu betrachten und nicht als ständige Abweichung vom Plan.

Alles beginnt im Schritt. Zum Mitschreiben. Das Pferd muss herausfinden können, worum es geht: Dazu müssen viele Pferde zunächst viele Fragen stellen, denn die wenigsten Pferde sind Jungpferde, sie haben Vorerfahrungen, Meinungen, Ängste, Zwänge und Zorn. Jungpferde sind meistens nur neugierig, und wenn sie nie gelernt haben, die Machtfrage zu stellen, auch unproblematisch. Bei älteren Pferden nimmt man sich Zeit, damit sie merken, dass man es nicht eilig hat und es etwas Neues zu lernen gibt. Ältere Pferde sind wie viele Menschen: Tasse voll (Das bezieht sich auf die alte Weisheit, dass es unmöglich ist, in eine volle Tasse frischen Tee zu gießen). Es fällt ihnen manchmal schwer, überhaupt in Erwägung zu ziehen, dass sie etwas, was sie noch nie konnten, können könnten, wenn sie es nur etwas anders anfingen.

Bei jungen Pferden benötigt man die Zeit, die es braucht um in Ruhe zu arbeiten, hält die ersten Trainingseinheiten jedoch extrem kurz, so dass das Jungpferd fragt: „Was denn, schon fertig??" Es soll sich für das, was kommt interessieren, und wenn es etwas Neues richtig gemacht hat, ist Schluss!

Die Wiederholbarkeit und das
Konditions- und Krafttraining gehören nicht in die selbe
Trainingseinheit, in der das Pferd verstehen lernt,
was es wie tun soll.

Die ersten Trainingseinheiten könnten wie folgt aussehen:

(Aufhalftern, Führen, Putzen und Hufe geben werden als bekannt vorausgesetzt)

- Kappzaum anziehen, auf den Reitplatz führen, einmal um den Reitplatz, in der Mitte anhalten und ein paar Minuten herumstehen - mit ausreichend Abstand zum Pferd (außerhalb der Nasenreichweite), dabei das Pferd weitgehend ignorieren, denn das Pferd soll ja schauen, was wir machen und nicht umgekehrt! Wenn das Pferd abkaut und den Kopf fallen lässt, ist die Übung beendet. Wenn nicht, ist die Übung nach ein paar Minuten ebenfalls beendet.

- Im Schritt an der Longe antreten lassen. Wenn nötig, mit Helfer am Kopf des Pferdes. Ist kein Helfer da, müssen wir unsere Vorstellungskraft aktivieren (Helfer im Kopf des Menschen...): Alle Pferde gehen im Kreis. Die ganze Herde. Es ist hilfreich, sich vorzustellen, das imaginierte Pferd hinter dem Jungpferd zu treiben. Oder das

Herde longieren, Abb. 011

Pferd davor. Und den Youngster dabei regelrecht zu ignorieren. Sobald das Pferd ein, zwei Runden gedreht hat – fertig, wegstellen.

- Im Schritt an der Longe (gleiche Hand) antreten lassen. Handwechsel (es ist unwichtig, wie man wechseln lässt. Das ist Geschmackssache.

Aber man sollte eine klare Vorstellung davon haben, was das Pferd tun soll). Alle Pferde laufen im Kreis. Ein, zwei Runden – fertig.

- Jetzt gibt es, je nach Bewegungsfreude des Pferdes, zwei Möglichkeiten: Entweder, man befasst sich im Schritt damit, wie im Kreis gehen denn genau aussehen soll, oder man lässt das Pferd, wenn es das anbietet, traben und macht das Gleiche im Trab.

Pferde lernen beim ersten Mal. Wer die ersten Trainingseinheiten kampflos hinter sich bringt, hat einen ganz wesentlichen Grundstein für die weitere Ausbildung gelegt. Im Vordergrund der Arbeit steht nur scheinbar das Laufen im Kreis. Zuerst muss das Pferd lernen, wie man übt. Dass es nicht schlimm ist, wenn man Fehler macht. Dass man nachfragen darf, wenn man etwas nicht verstanden hat. Dass der Mensch in der Mitte ihm etwas beibringen darf. Zu oft wird einfach weitergemacht, bis das Pferd sich widersetzt, und wer dann nicht erfahren genug ist, die Situation zu retten, hat verloren und steht am Beginn eines Teufelskreises. Ich möchte mit euch üben, widerstandsfrei zu arbeiten und nicht, die durch Ungeduld entstandenen Fehler auszubügeln!

Eine sehr interessante Geschichte ist die des jungen Trakehners **Effekt** (eigentlich nur ein Vierteltrakehner, aber bei *den* Ohren...). Dadurch, dass die ersten Trainingseinheiten an der Longe von einer sehr jungen und unerfahrenen Frau durchgeführt wurden, die versuchte, sich dem Pferd gegenüber „durchzusetzen", lernte Effekt, ihr zu zeigen, dass sie genau das *nicht* kann. Mit viel Kampfgeist und Intelligenz gesegnet, ließ er ihr keine Chance. Als ich ihm das erste Mal begegnete, hatte er das Losreißen von der Longe bereits perfektioniert und war sich sicher, dass dieses Spielchen mit der langen Leine „Wer ist der König auf dem Platz" heißt. Ebenso sicher war der Name dieses Königs Effekt! Es war ziemlich anstrengend, dieses Jungpferd wieder umzupolen, und der echte Durchbruch kam mit dem ersten Reiten. Denn das haben seine Besitzerin und ich mit den beschriebenen extrem kurzen Trainingseinheiten begonnen.

- Nach dem Longieren die Chefin sich einmal übers Pferd legen lassen, sofort wieder runter, bevor Widerstand auftritt, loben, fertig.

- Nach dem Longieren die Chefin drauf auf den Pferderücken, loben, runter, fertig.

- Nach dem Longieren aufsitzen, anführen, nach ein paar Schritten anhalten, absitzen, loben, fertig.

- Dito, zwei, drei Runden im Schritt longieren, absitzen, fertig.

- Dito, mit geführtem Handwechsel, absitzen fertig.

- Und so weiter. Alles, was neu ist, einmal in Ruhe machen lassen und fertig.

Effekt hat unter seiner Reiterin noch nicht einmal (toi, toi, toi) ernsthaft Blödsinn gemacht, obwohl er ohne sie auf dem Rücken nach den Hühnern keilt, Hunde verjagt und Bocksprünge vollführt, dass einem Angst und Bange werden kann. Nichts davon beim Reiten. Das ist bislang weitgehend unsinns- und widerstandsfrei abgespeichert und wird auch so ausgeführt. Ohne Zwang und Drohungen (von gelegentlichem Schimpfen abgesehen). Gelegentlich zeigt er deutlich, dass etwas nicht stimmt oder dass etwas für ihn nicht richtig funktioniert, aber immer so, dass man „drüber reden kann". Es sieht so aus, als hätten wir ihn dazu gebracht, *für* etwas zu kämpfen anstatt gegen seine Reiterin.

Bei älteren Pferden, die häufig Vorbehalte und schlechte Erfahrungen mitbringen, die vielleicht bereits aufgegeben oder gelernt haben, zu kämpfen, muss zunächst die psychische Firewall überwunden werden, und zwar von der Seite des Pferdes aus. Genau genommen muss das Pferd die Möglichkeit bekommen, seinen geistigen und emotionalen Käfig zu verlassen. Das wird es nur tun, wenn es merkt, dass es wahrgenommen wird, wenn es erkennen kann, dass etwas anders ist als sonst, und dass die Möglichkeit besteht, dass dieses Andere gar nicht so schlecht ist. Es sind schon viele Pferde allein dadurch aufgeblüht, dass die Longenarbeit „für sie" ist. Ein Training, in dem sie üben und sich mit ihrem Körper beschäftigen dürfen.

Was übt der Mensch währenddessen? Das Pferd wertfrei wahrzunehmen und aushalten. Aushalten, dass das Pferd in den Widerstand geht, aushalten, dass man kleine Schritte machen muss, aushalten, dass das Pferd Zeit braucht – und man selbst auch. Der Versuchsaufbau ist ähnlich wie beim Jungpferd, aber das ältere Pferd fragt anders, weil es vergleicht. Es hat erfahren, dass man sich auf vielfältige Weise entziehen kann, es parkt, es rennt, es dissoziiert (dann ist es innerlich „weg"), vielleicht droht es sogar. Vor allem ist es sich sicher, dass es bereits weiß, was kommt, dass es weiß, was wir vorhaben. Und das ist unser Ansatzpunkt: Es kommt etwas anderes, als das Pferd zu wissen glaubt. Mit wachsender Erfahrung ist man in der Lage, dem Pferd Türen zu zeigen, wo es zunächst eine Wand sieht. Allerdings muss man diese Tür, die mögliche Lösung, sehr genau vor Augen haben, sonst treibt man das Pferd an die Wand seiner mitgebrachten Vorstellungen.

Das erste Ziel der ersten Trainingseinheit ist das gleiche wie beim Jungpferd: Einfach miteinander herumstehen und Herde sein. Grenzen setzen und den für alle Beteiligten angenehmen Abstand aushandeln. Rumstehen. Wenn wir Glück haben, fühlt sich das Pferd bei uns wohl, und wir können einen Schritt weitergehen. Findet das Pferd das nicht toll, müssen wir zuerst hinsehen und zuhören, um zu erkennen, was für das Pferd das Problem ist, um dann erfinderisch werden. Ein paar Beispiele aus der Praxis können Lösungsansätze aufzeigen, grundsätzlich muss aber jeder, der mit Pferden arbeitet, sehr präsent sein und davon ausgehen, dass er im nächsten Moment etwas ganz Neues lernt...   ;) Manchmal missverstehen Pferde etwas, und man kann sich die Gehirnwindungen verknoten, um herauszufinden, was das Problem ist. Der Knabstrupper Ole beispielsweise dachte, er solle den Zug am Kappzaum heroisch aushalten, während seine Besitzerin sich fragte, warum das Pferd so schwer in der Hand war. Inzwischen übt er dann doch, mit dem Körper seinem Kopf möglichst geschmeidig zu folgen.

Gonzo und der RaubtierScan

Gonzo ist ein Trakehner, etwa zwanzig Jahre alt, und neigte dazu, bei Wind, Geraschel im Wald neben dem Reitplatz und allem, was er nicht sehen konnte, hysterisch zu werden. Das war keine Show, denn er raste an der Longe mehrfach derart los, dass er wegrutschte und sich lang legte, zum Glück, ohne sich zu verletzen. Der folgende Text stammt von einem Post aus meinem Blog, und seitdem ist Gonzo die Ruhe selbst. Er scheint froh zu sein, dass er sich nicht mehr fürchten muss.

RaubtierScan - PredatorScan

Die zugrunde liegenden Informationen stammen aus dem Buch „Der bewusste Weg mit Pferden" von Linda Kohanov:

„Dem Institute for HeartMath (IHM) zufolge, das ausgedehnte Studien zur kardioelektromagnetischen Kommunikation betrieben hat, ist das elektrische Feld des Herzens sechzig mal größer als die elektrische Aktivität, die das Gehirn hervorbringt. Das magnetische Feld des Herzens ist mehr als fünftausend mal stärker als das des Gehirns und kann einige Meter entfernt vom Körper in allen Richtungen gemessenwerden."

Linda Kohanov bezieht sich des weiteren auf die Kommunikation und die Interaktion zwischen Mensch und Pferd, während mein Ansatz darin besteht, das magnetische Feld des Herzens als ein *Wahrnehmungsorgan* zu betrachten, mit dem die Umgebung auf Emotionen und Absichten gescannt werden kann. Einerseits könnte man sich in der Betrachtung dieses Umfeldes verlieren, andererseits kann man dieses Feld auf bestimmte Reize „scharfstellen". Letzteres ist für ein potenzielles Beutetier überlebenswichtig, und so, wie ich meine optische Wahrnehmung auf Bewegung, bestimmte Farben, Muster oder Richtungen einstellen kann und mein Gehör auf bestimmte Frequenzen, so lässt sich das magnetische Feld des Herzens auf die Störquelle „pferdefressendes Raubtier" einstellen. Dann erscheint das Raubtier im Feld sozusagen als Alarm-PopUp.

Und wenn von dort kein Alarm kommt, ist da auch kein Raubtier, fertig. Klar soweit? Dann zum Feldtest. Erster Kandidat ist Tijani, der gerne mal kurz losschießt, weil ein Floh im Gebüsch gehustet hat. In der hinteren Ecke des Reitplatzes lässt sich das trefflich üben. Die Frage ans Pferd lautet: Nimmst du mit dem Feld deines Herzen ein pferdefressendes Raubtier wahr? Tijani hält an, schaut mich an, schaut ins Gebüsch, geht in sich. Die Antwort lautet: „Äääh... nö..." Und damit ist das Thema Monster ohne schweißtreibende Rennerei gegessen.

Zweiter Kandidat: Gonzo. Bei Wind - und heute hat es kräftig geblasen – sehr schreckhaft bis kaum ansprechbar. Das erste Scheuen direkt beim Antreten. Die Frage ans Pferd lautet: Nimmst du mit dem Feld deines Herzen ein pferdefressendes Raubtier wahr? Irritierter Blick ins Gebüsch, längeres Abkauen. Die Antwort lautet: „Äääh... nö...“

Unter seiner Reiterin hat er die Methode des scannens mit dem **Herzfeld** beibehalten. Gucken, scannen, weiter arbeiten.

Der dritte Kandidat ist Effekt, Jungpferd, der Name ist Programm. Er hasst es, wenn um ihn herum Unruhe ist, dann kann er sich nicht konzentrieren und wird richtig sauer: Bocksprünge, Kapriolen, Hunde und Hühner töten. Ausgerechnet heute wird der Mist neben dem Reitplatz abgefahren, ein fremder Hund auf dem Platz, Leute, Krach. Der perfekte Tag, um Effekt in der Box zu lassen. Ich erkläre ihm meine Idee vom Wahrnehmungsfeld des Herzens, dass dort der Pferdefresser immer zu erkennen ist, egal wie laut und bewegt es um uns herum ist. Die Antwort lautet: Ach so. Die Folge ist konzentriertes Arbeiten bei scharf gestelltem Herzfeld.

Der vierte Kandidat ist Keanu, ein großer Freund von Monsterfilmen. Er hat einfach nur zugehört, als ich die Erkenntnisse des Tages seiner Reiterin erklärt habe. Heute keine Monster.

Was lässt sich aus diesen Erlebnissen schließen?

- Wir können dem Pferd ganz entspannt die Beantwortung der **Monsterfrage** überlassen, wenn es gelernt hat, im Magnetfeld des Herzens zu scannen. Denn *wir* wissen, dass es hierzulande keine freilaufenden pferdefressenden Carnivoren (Fleischfresser) gibt. Sollte wider Erwarten doch mal ein Löwe aus dem Zoo ausbrechen, können wir unserem Pferd dankbar sein, wenn es die Information „hungriger Carnivore mit Tötungsabsicht“ rechtzeitig wahrnimmt und uns in Sicherheit bringt.

- Es hilft nicht weiter, wenn wir das Pferd durch Beruhigen oder Drohungen überzeugen wollen, dass es keinen Grund zum

Scheuen oder Flüchten gibt. Wir müssen es selbst auf der richtigen Ebene nachschauen lassen, damit es selbst erkennt: Kein Predator im Herzfeld.

- Durch den Umgang mit Menschen werden Pferde auf die Ebene des durchgehenden Verstandes gebracht. Ein beliebiger Impuls von außen, und der Film läuft...

- In der Monsterfrage müssen wir unsere Bedenken und Ängste nicht in den Griff bekommen, denn: Siehe Punkt 1.

- Es ist sinnvoll, das Pferd zum Sicherheitsbeauftragten zu machen!

- Es gibt immer mindestens ein Wahrnehmungsorgan mehr, als wir denken. Bei der Entdeckung der Organfunktion des Faszienkörpers war ich schon völlig begeistert.

Hätten mir nicht vier Pferde an einem Tag bestätigt, dass das funktioniert, ich hätte es nicht geglaubt. Zumindest hätte ich keine Vorstellung davon bekommen, wie machtvoll die Wahrnehmung in diesem Feld alles verändert. In welcher Ruhe man plötzlich arbeiten kann.

Danke, Jungs.

Bei Gonzo war ganz klar: Er wollte sich nicht fürchten müssen und er wollte auch nicht rennen müssen. Der RaubtierScan hat ihm die Möglichkeit gegeben, selbst hinzuschauen, anstatt seinen Fluchtreflex von außen mit mäßigem Erfolg unterdrücken zu lassen. Er hat nicht gelernt, „brav" zu sein, er hat eigene Kompetenz erworben. Auch Pferden tut eine gewisse **Eigenmacht** gut. Dieser meistens mit Aufsässigkeit verknüpfte Begriff stellt für mich das Gegenstück zu Ohnmacht dar. Ein Pferd, das sich selbst ermächtigt, sich um seine Sicherheit zu kümmern, kann lernen, dies auf eine für den Menschen akzeptable Weise zu tun. Ein ohnmächtiges, auf Gehorsam getrimmtes Pferd kann sich selbst nicht mehr kontrollieren, wenn der Reiter die Kontrolle verliert. Ein Pferd, das die Wahl hat, kann sich *dafür* entscheiden, sich in Ruhe und mit Rücksicht auf die Reiterknie zwischen Tanklaster und Hauswand durchzuquetschen, um auf dem kürzesten Weg nach Hause zu kommen – etwas, wozu es sich nie zwingen ließe.

Bei Tijani sah die Sache anders aus, das war eine fast schon comedy-reife Situation: Eine Trainingseinheit später erschreckte er sich vor dem am Reitplatz geparkten Trecker und raste los. Beruhigte sich wieder, um bei der nächsten Runde wieder am Trecker wegzuspringen. Die Erinnerung an den RaubtierScan „schau im Herzfeld, ob da ein Pferdefresser ist!" führte dazu, dass er sich neben den Trecker stellte, diesen anschaute, dann mich, abkaute und meinte: „Klar, weiß ich, da ist kein Monster, aber ich übe gerade flüchten, falls doch mal eins kommt". Sprach´s, und fetzte aus dem Stand los... Nachdem ich verstanden hatte, was los war – dass sich nicht die Herzfeldtheorie als unbrauchbar erwiesen hatte – konnten wir uns darauf einigen, dass an der Longe *schön* laufen geübt wird und der Probealarm in seiner Freizeit.

Einige Wochen später kam es noch besser, eine weitere Herausforderung an die Geschmeidigkeit des Denkens. Tijani übte wieder flüchten und bestand diesmal hartnäckig darauf, das mit mir zu üben. Der Groschen fiel in Rekordgeschwindigkeit: Klar, er muss üben, auf der Flucht seine Reiterin mitzunehmen. Also haben wir die Prinzipien der Bewegung unter dem Reiter in der Fluchtsimulation geübt. Ganz ehrlich: Das Ergebnis hat mich überrascht. Aus dem ekelhaften seitlichen Wegbrechen mit Hohlkreuz und Hirschhals hatte sich ein recht elegantes, weitgehend schräglagenfreies Durchstarten in aktiver Dehnungshaltung entwickelt. Manchmal haben Pferde gute Ideen!

Ein weiteres häufiges Problem ist, dass ein Pferd in einer ersten Trainingseinheit in Erwartung dessen, was seiner Erfahrung nach geschehen wird, dissoziiert und entweder völlig verweigert oder hirnlos flieht. Von diesen Pferden wird oft gesagt, sie ließen sich nicht longieren oder sie hätten Angst vor der Peitsche. Es ist wichtig zu verstehen, was vor sich geht, da sich viele unnötige Auseinandersetzungen vermeiden lassen, wenn man nicht können und nicht wollen auseinanderhalten kann.

Diese **Dissoziation**, eine Abspaltung der Psyche vom Körper, bedeutet, dass das Pferd „nicht mehr anwesend" ist und die Gefahr besteht, dass es sich selbst und andere in seiner Panik verletzt. Bei diesen Pferden hilft nur gaaaaanz viel Ruhe, beim sich verweigernden Pferd abwarten, bis es „wieder da ist" und in der Zwischenzeit nichts machen, außer die Anlehnung an der Longe zu behalten. Beim panischen Pferd ist es wichtig, es anzuhalten, zur Not, indem man den Zirkel passiv, ohne weitere Anforderungen, nach und nach immer kleiner macht, bis das Pferd beidreht und einen wieder wahrnimmt. Die Gefahr, dass das Pferd sich beim Rennen verletzt oder überlastet, ist nach meiner Erfahrung größer als die Verletzungsgefahr beim Hereinholen. Wenn es abgekaut hat, darf es langsam wieder antreten, gibt es wieder Gas, wird der Zirkel wieder enger. Normalerweise ist das Thema bei mir nach der ersten Trainingseinheit durch, das Pferd hat gelernt, dass es keinen Grund hat, zu dissoziieren. In der nächsten Einheit fängt es an zuzuhören und zu verstehen, dass es sich jetzt Problemlösungskompetenz erwerben darf. Und tut das dann auch. Viele Pferde dissoziieren in bestimmten Situationen – beispielsweise beim Angaloppieren – weil sie wissen, dass sie das nicht können. Wer dabei hinfällt, wird gefressen – und Dissoziation ist der Schutz des Beutetieres vor Schmerz. Für diese Kandidaten muss die Aufgabenstellung so verändert werden, dass sie handlungsfähig bleiben, sie dürfen das, wovon sie glauben, dass sie es nicht können, in der Übungsreihe nicht wiederfinden. Im Fall des Angaloppierens dürfen keine bereits bekannten Galopphilfen gegeben werden (das Pferd darf sein Panikmuster nicht erkennen), der erste Galoppsprung muss „zufällig entstehen". Das funktioniert ähnlich wie das Fliegen lernen, wie Douglas Adams es in der Trilogie „Per Anhalter durch die Galaxis" beschreibt: Man muss sich mit aller Gewalt zu Boden werfen und diesen dabei knapp verfehlen. Klappt am besten, wenn man kurz vor dem Aufprall durch irgendetwas abgelenkt wird (Scherz, Literaturempfehlung, Ausgleichsgymnastik für die Synapsen). Die Arbeit mit dissoziierenden Pferden ist nicht ungefährlich!

Es ist zu unterscheiden zwischen dem dissoziierenden Pferd und dem **Angeber,** der dicke Arme macht und will, dass die ganze Welt weiß, wie toll er ist. So lange der Macho oder die Machine sich noch nicht im Gleichgewicht mit sich selbst befinden und nur über fragwürdige Schräglagentechnik verfügen, sollte man auch sie bald zur Ruhe bringen, damit sie sich nicht selbst schaden. Ein an der Longe gut ausgebildetes, bewegungskompetentes Pferd hingegen darf ruhig mal zeigen, was in ihm steckt. Wenn man mit diesen Situationen konstruktiv umgeht, können sie den Weg auf ein neues Lernplateau ebnen, weil das Pferd in seiner Begeisterung seine Bewegungen viel ausdrucksstärker und raumgreifender werden lässt. Als Mensch in der Mitte des Zirkels kann man sich in dieser Situation konstruktiv mit der Lenkung des Energieflusses beschäftigen, denn auch mit „schön laufen" kann man überschüssige Energie prima umwandeln.

Das hauptsächliche Unterscheidungsmerkmal zwischen Dissoziation und Angeberei findet sich im Blick des Pferdes: Der Angeber sucht immer wieder den Blickkontakt zum Longenführer und vor allem zum Publikum. Das dissoziierende Pferd scheint nach innen zu schauen oder sich in einer anderen Welt zu befinden und *kann* keinen Kontakt herstellen.

Ebenfalls zu heftigen Reaktionen kann ein unkontrolliertes „**Bauchgefühl**" von Mensch oder Pferd führen. In den Eingeweiden von Pferd und Mensch gibt es mehr Nervenzellen als im Rückenmark, und dass im Bauch das dritte Gehirn sitzt, ist inzwischen wissenschaftlich belegt. Ich vermute, dass es das älteste unserer Gehirne ist und deshalb meistens im Überlebensmodus, während das Herz wahrnimmt und Gefühle kommuniziert und der Kopf für die intellektuellen Leistungen zuständig ist. So ungefähr.

Das Bauchgefühl kann in Gefahrensituationen so stark sein, dass, wenn sich eine Person oder ein Pferd erschreckt, es für andere deutlich fühlbar ist und wie eine Schockwelle durch eine ganze Gruppe oder Herde geht.

Dazu das Erlebnis mit der Vollblutstute Hope:

Die zweite Trainingseinheit an der Longe. Die Stute war sich bereits ziemlich sicher, dass ich sie nicht fresse, und die Probleme der ersten Trainingseinheit waren erledigt. Die anderen Pferde wurden am Reitplatz vorbei von der Koppel auf den Paddock getrieben, was auf diesem Hof normales Geschäft Ist. Die Peitsche knallte, und in dem Moment fuhr es mir in den Bauch: Ein Gefühl, das man sonst nur hat, wenn etwas so richtig schief geht. (Zum Beispiel wenn einem am dritten Urlaubstag in der Karibik einfällt, dass man daheim die Gasflamme unter dem Wasserkessel angelassen hat oder eigentlich vor der Abreise noch baden wollte und die Wanne vermutlich immer noch vollläuft...)

Das Pferd machte einen Satz zur Seite, seltsamerweise von mir weg in Richtung der knallenden Peitsche des Hofbesitzers, um dann zu mir gewandt stehen zu bleiben. Wir schauten uns irritiert an, denn dieses Gefühl kam nicht von mir. Und das Pferd sagte ganz deutlich, mit einem geistigen Schulterzucken: „Ich war´s auch nicht." Die Besitzerin des Pferdes, die seitlich hinter mir stand und die ich völlig vergessen hatte, war die Senderin des Gefühls gewesen, wie sie selbst, ebenfalls irritiert, zugab. Ihre Angst davor, wie das Pferd auf das Knallen der Peitsche und die vorbeigaloppierenden Pferde reagieren würde, hatte sie ein „Panik-Fax" schicken lassen, das bei mir ebenso deutlich ankam wie bei der Stute. Interessant finde ich die Fähigkeit der Stute, die Richtung, aus der das Gefühl kam, zu orten und sowohl zu erkennen als auch mir zeigen zu können, dass es nicht von ihr selbst stammte.

Ich bin mir sicher, dass diese Stute, wenn sie voll in ihre geistig-emotionale Kraft kommt, wie ein Fels in der Brandung sein wird.

Nur – wie kann man verhindern, ein solches Signal unbewusst zu geben?

Vermutlich, indem man übt, ganz schnell zu merken, wenn die wilden Rösser des Geistes mal wieder durchgehen. Indem man lernt, reale Gefahren von geistigen Filmen zu unterscheiden. Und indem man Erfahrungen sammelt und sich Handlungsspielräume erarbeitet.

Grundsätzlich ist anzumerken, dass die meisten Pferde durch artgerechte Haltung, angemessene Fütterung, einen ihrem Temperament entsprechenden Umgang und überlegtes Training in ihrem Verhalten unauffällig werden. Ein Training, das die Pferde zu sich selbst und in ihren Körper bringt, weg von richtig und falsch, trägt zur Persönlichkeitsentwicklung ebenso bei wie zur Bewegungsintelligenz.

Bewegungsbedürfnis

Wie sieht es aus mit dem Bewegungsbedürfnis des Pferdes? Wie werden die kurzen Trainingseinheiten dem gerecht? Ganz einfach: Durch artgerechte Haltung in der Gruppe mit ausreichend Raum und Anreiz für Bewegung. Zudem haben die meisten Pferde an der Longe schnell ein grundlegendes Repertoire zusammen, mit dem sich das Bewegungsbedürfnis befriedigen lässt, die kurzen Einheiten sind keine Trainingsmethode für die Ewigkeit. Man muss unterscheiden zwischen **Verstehen, Üben** und **Trainieren**. Das eigentliche Verstehen geschieht oft im Moment. Danach muss das Verstandene geübt werden, damit der Körper und die Wahrnehmung sich die entsprechende Bewegungskompetenz erarbeiten können. Erst dann wird das, was schon gut klappt, trainiert. Über größere Zeiträume, in anderen Zusammenhängen, in erhöhten Schwierigkeitsgraden. Die extrem kurzen Einheiten benötigt man nur, bis so viel verstanden ist, dass man anfangen kann zu üben. Üben kann das Pferd wesentlich länger, als es die Konzentration aufbringt, etwas Neues zu verstehen. Deshalb macht man das Pferd mit Bekanntem warm, bringt dann etwas Neues und lässt es danach wieder Bekanntes üben und sich darin, wenn noch genügend Energie da ist, steigern. Später kann man auch im Gelände üben, das macht – wenn das Gelände es hergibt – mehr Spaß und ermöglicht ein vielseitiges Training. Ein wetterfester Roundpen ist fast überall realisierbar und sollte zur Grundausstattung gehören. Denn: Man muss ein Pferd nicht reiten, aber man muss es bewegen! Und zwar so, dass es auch mal richtig durchschnauft. Ein Pferd, das wochenlang herumsteht, aus welchen Gründen auch immer, wird irgendwann krank.

Ja, die letzten paar Sätze kamen weiter oben schon mal vor. Sie sind wichtig. Deshalb die Wiederholung.

Zu viele ReiterInnen überlassen die Gesundheit ihres Pferdes den BehandlerInnen, die den Pferden sehr wohl helfen können, aber nur in ihrem jeweiligen Bereich. Bewegungsmangel und Langeweile kann man weder durch Akupunktur noch durch Massagen, Chiropraktik, Osteopathie, eine Spritze oder Homöopathie wegbehandeln. Wer hier seine eigene Verantwortung erkennt, macht Pferde und BehandlerInnen glücklicher. Liebe

BehandlerInnen: Sagt den Pferdebesitzern so deutlich, dass es nicht misszu-verstehen ist, dass Pferde Bewegung brauchen, dass es einen Unterschied gibt zwischen Longieren und Zentrifugieren und dass auf der Wiese stehen und Gras fressen keine Bewegung ist.

Um die gewünschte Bewegungsqualität zu entwickeln, müssen die Pfer-de also ÜBEN. Und die ReiterInnen müssen ebenfalls üben. Und zwar zunächst das Longieren, damit das Pferd für sich seine motorische Kompe-tenz erwerben kann und der Reiter sein Bewegungsverständnis trainiert. Vor allem müssen alle Beteiligten **Üben üben**, damit der Lernprozess kein vorzeitiges Ende findet.

Definition „Üben":

In jeder Disziplin führen die drei Üs (üben, üben, üben) angeblich früher oder später, in diesem oder einem der nächsten Leben, zur Meis-terschaft.

Was üben wir eigentlich? Was wollen wir üben? Wie geht üben? Wer sich klar macht, dass wir mit Üben weit mehr Zeit verbringen als mit perfekt sein, wird vielleicht zu dem Schluss kommen, dass es we-sentlich ist, am Üben Freude zu haben. Denn "nicht perfekt sein" ist weniger spaßig als fröhliches Üben mit entspannten Trainingspartnern. Der Feind des gut gelaunten Trainings ist der Perfektionist, vor allem, wenn er ganz genau weiß, was *sein Partner* wie machen muss....

Sobald die Pferde verstanden haben, dass man an *sich* übt und ihnen die Gelegenheit gibt, sich zu üben, entspannt sich die Trainingssituati-on. Desgleichen, wenn klar ist, dass in erster Linie Bewegung geübt wird, nicht Lektionen, wenn die Prinzipien im Vordergrund stehen und nicht die Techniken. Wenn Fehler nicht bestraft, sondern als zum Lernprozess gehörig betrachtet werden. Wenn sowohl Reiter als auch Pferd jeweils die Verantwortung für ihren eigenen Körper überneh-men. Ja, das geht. Allerdings nicht, wenn man vom Pferd erwartet, dass es einfach funktioniert!

Die Qualität des Übens lässt sich in vielen Lebensbereichen verändern. Die Pferde (nicht nur die) zeigen eine sehr positive Wesensveränderung, wenn sie das Prinzip des Übens verstanden haben. Hat was nicht geklappt? Ups?! Dann versuchen wir es noch mal anders. Wer richtig übt, kann alles geben - dann kann sich Kraft ohne Stress, Verspannung und Zorn entwickeln, und psychische Losgelassenheit hat nichts mit Schlaffheit zu tun.

Um etwas lehren zu können, sollte man es selbst einigermaßen verstanden haben und in den meisten Situationen und Zusammenhängen anwenden können. Geht also lieber davon aus, dass ihr *Trainingspartner* eures Pferdes seid. Das bedeutet, dass beide Grenzen setzen und auf gegenseitigem Respekt bestehen dürfen. Beide!

Beim Longierenüben geht es für den Menschen darum, eine klare Vorstellung davon zu haben, was das Pferd tun soll und sich dessen, was er selbst tut und seiner Wirkung auf das Pferd bewusst zu werden. Die meisten „Fehler" von Pferden sind auf Missverständnisse zurückzuführen, denn jedes Pferd ist anders. Es gibt die, die auf jede Bewegung und jede Veränderung in der Position des Longenführers sofort reagieren, und jene, die auf einen ungefähren Wink mit der Peitsche einfach in der gewünschten Richtung im Kreis laufen. Erstere können ihre Menschen gut in die Verzweiflung treiben, denn das Pferd nimmt die Signale wesentlich genauer wahr als der Mensch, der sie meist unwissentlich gibt.

Die häufigsten der unbewussten Signale, die das Gegenteil dessen bewirken, was beabsichtigt war, sind: Einem Pferd, das nach außen zieht, hinterherzulaufen, vor einem Pferd, das nach innen drängt, rückwärts auszuweichen und mit der Körpermitte vor oder hinter das falsche Ende vom Pferd zu zeigen. Letzteres führt dazu, dass das Pferd den Handwechsel in eine Richtung verweigert oder generell schlecht auf einer bestimmten Hand läuft. Manche Pferd legen Wert darauf, dass Longe und Peitsche immer in der richtigen Hand sind, anderen ist das egal, so lange die Longe nicht durchhängt und die Peitsche in etwa in die richtige Richtung zeigt.

Ein aufmerksames, sensibles Pferd ist anfangs wesentlich schwieriger zu longieren, weil es auf Feinheiten reagiert, die dem Menschen nicht bewusst sind, macht aber mit fortschreitender Ausbildung mehr Spaß, *weil* es eben feiner ist. Andererseits muss man Pferde, die zu stark auf den Menschen reagieren, regelrecht „zu sich" bringen, damit sie lernen, ihren Körper zu schulen, anstatt ständig alles „richtig" machen zu wollen.

Gehen wir davon aus, dass das Pferd nun an der Longe im Kreis läuft. Allein an diesem Punkt könnte das Buch in mindestens sieben Strängen weiter erzählen, abhängig davon, welche Problematik am offensichtlichsten ist und welche Fragestellung sich am ehesten aufdrängt...

Variationen:

(1) Wo befindet sich der/die LongenführerIn?

(2) Wie bestimmt man die Umlaufbahn?

(3) Warum läuft das Pferd mit der Schulter in den Zirkel – und wie ändere ich das?

(4) Das Pferd zieht über die Schulter aus dem Zirkel heraus.

(5) Das Pferd schleppt oder schleicht.

(6) Das Pferd eilt oder rennt sogar weg...

(7) Oh, Mist, ausgerechnet der …. schaut jetzt zu.

Der Einfachheit halber beschreibe ich jetzt, wie die Szene in meinen Augen aussehen sollte:

Die Longe ist immer leicht straff. Die Longenführerin bewegt sich den Fähigkeiten des Pferdes entsprechend – fast auf der Stelle, wenn alles gut geht, ansonsten in einer Umlaufbahn zwischen Zirkelmitte und Pferd, je nach Bedarf und Peitschenlänge. Das Pferd scheint den Kappzaum mit der Nase auf der Zirkellinie in Buggelenkshöhe vor sich her zu schieben. Der Schritt ist ein klarer, gleichmäßiger Viertakt in acht Phasen. Der Schub aus der Hinterhand ist in den Pferderumpf, in das mittlere motorische Zentrum gerichtet. Das Pferd wirkt, als wolle es heute noch irgendwo ankommen. Zielstrebig, energisch, gelassen.

So weit der Plan. Die oben aufgezählten Frage- und Feststellungen zeigen, dass die Erfüllung des Plansolls eher unwahrscheinlich ist. Meine Erfahrungen haben mir gezeigt, dass eine Symptombekämpfung zwecklos ist, es gilt die Zusammenhänge zu erforschen. Eine ganz wichtige Grundlage für gelungenes Longieren ist eine klare Absicht der Longenführerin und eine genaue Vorstellung des gewünschten Ergebnisses. Allein diese muss man bzw. frau sehr gründlich üben. Wer einfach nur wissen will, wie man longiert, kauft sich ein Buch, das verspricht, einfach zu erklären, wie longieren geht. Danach, wenn das nicht funktioniert, schon gar nicht ohne Hilfszügel, kann man sich *dieses* Buch hier nochmal zur Hand nehmen und zu Gemüte führen, denn meine Beschreibungen sollen nicht der linken Gehirnhälfte sagen, wie das denn nun geht, sondern die Gehirnhälften verknüpfen und Vorstellungskraft entwickeln helfen. Geistig-emotionale und motorische Kompetenz – und so.

Es ist eine weit verbreitete Meinung, man könne am Kappzaum und ohne Hilfszügel ein **Ausfallen** über die äußere Schulter nicht verhindern. Dachte ich früher auch. Geht aber doch. Inzwischen geht bei mir nach zwei, drei Trainingseinheiten kein Pferd mehr dauerhaft im Schritt oder Trab über die Schulter weg, höchstens mal für ein paar Schritte oder Tritte, um sich dann wieder gerade zu richten. Je nach Gebäude und Talent kann es im Galopp etwas länger dauern. Mein Grundprinzip ist, dass das Pferd lernen soll, sich auszurichten und nicht, sich durch äußere Maßnahmen zusammenhalten zu lassen. Es soll etwas Bestimmtes tun und nicht etwas unterlassen. Das korrekte Tun (auf der Zirkellinie vorwärtslaufen) schließt das zu unterlassende Ausfallen ohnehin aus. Dass dieser Ansatz funktioniert, beweisen die vielen Pferde, die das inzwischen können, selbst wenn ihre LongenführerInnen noch wenig Erfahrung haben. Sie richten sich nach ihrer Nase aus, sie haben eingebaute „verwahrende" Hilfen in ihrem Faszienkörper und der Muskulatur. Diese arbeiten ganz logisch, sie richten das Pferd nach vorwärts aus. Allein der Begriff „**verwahrende Hilfen**" impliziert, dass versucht wird, einen Fehler zu verhindern, bevor er entsteht, und genau so sehe ich diese Hilfen in ihrer Anwendung überall. Wie ein präventiv angelegter Gipsverband. Ich empfinde es als wesentlich praktischer und zielführender, dem Pferd einfach zu sagen, was es tun soll, anstatt das zu Befürchtende zu unterdrücken oder das bereits Geschehene zu verschlimmbessern. Mir selbst gefällt es auch besser, wenn mir jemand einfach sagt, was ich tun soll, anstatt lang und breit auszuführen, was ich bitte *nicht* tun soll.

Nochmal zum mitschreiben: Pferde können lernen, sich auf der Kreislinie geradezurichten (was bedeutet, dass sie sich über ihre ganze Länge mit der Wirbelsäule auf der Kreislinie bewegen und jedes Bein seinen Anteil an der Arbeit ohne Murren verrichtet), und wenn sie es können, können sie auch gelegentliche Reiterfehler ausgleichen, ohne Schaden zu nehmen.

Allerdings können sie das nicht lernen, wenn der Faszienkörper in seiner Selbstwahrnehmung und Eigenverantwortung durch Hilfszügel kurzgeschlossen wird. Die Zügel stellen eine der Verbindungen zwischen Reiter und Pferd dar, und das Pferd hat genauso das Recht, damit auf seinen Reiter einzuwirken wie umgekehrt. Das am **Ausbinder** ruhig gestellte Pferd wird später zum stumpfen Befehlsempfänger, der seinem Reiter und sich selbst keine Hilfe sein kann. Der junge Effekt wusste, als wir zum ersten mal Zügel an den Kappzaum schnallten und seine Reiterin die auch in die Hände nehmen durfte, sofort, wozu die Dinger gut sind: Um sich die Reiterin auf dem Rücken ins Gleichgewicht zu ziehen!

Eine andere Nebenwirkung der Ausbinder ist die, dass sie, von der Seite betrachtet, die Pferdenase auf einen Radius führen, der sowohl ober- als auch unterhalb der gewünschten Kopfposition nach hinten führt. Das heißt, dass das Pferd, wenn es die Nase zu hoch nimmt, in den negativen Bewegungsablauf gedrückt wird (Kopf hoch – Rumpf tief – Hinterhand weg), nimmt es die Nase zu tief, kommt diese in Richtung Vorderfußwurzelgelenk, was beides nicht sonderlich hilfreich ist.

Ein Pferd, das die Nase hoch reißt, muss man nach vorwärts in die Dehnung schicken können, und das bedeutet, dass der Schub, den ich ins Pferd treibe, die Nase erst ein ganzes Stück weiter nach vorne bringt, dass dann der Rumpf von der „Spatzenschleuder" ebenfalls nach vorwärts-aufwärts gebracht wird, und dass *dann erst* die Nase wieder auf Buggelenkshöhe fällt. Blockiert man diese Bewegung, kann das Pferd nur passiv die Nase fallen lassen, ohne sich im Körper zu verändern, und man verliert die fördernde Einwirkung auf die Vorhand und das Bewegungsverständnis.

100

Ähnliches gilt für das aufgerollte Pferd. Soll es mit der Nase wieder nach oben, muss es sich durch den Schub erst noch länger machen, bevor Rumpf und Nase sich wieder heben können. Das häufig bei „Dressurpferden" zu sehende Nicken auf der Stelle weist oft auf eine tote Vorhand hin. Die Vorwärtsbewegung, die man beim Reiten eines gesunden Pferdes mit freien Bewegungen in der Hand fühlen soll, wird durch Ausbinder kaputt gemacht. Kehlgang und Bugwinkel müssen sich gleichzeitig öffnen können, und dafür benötigen sie Platz nach vorne. Wenn ich an der Kappzaumlonge longiere, fühle ich das Abdrücken jedes einzelnen Fußes in der Hand und kann dadurch sehr gezielt einwirken. Wären die Pferde ausgebunden, könnte ich weder so präzise fühlen noch einwirken.

Was weiß ich, wenn ich das weiß?

Das Argument, das könne ja nicht jeder, ist bekannt. Auch bei mir klappt nicht immer alles. Aber vielleicht bringt diese Beschreibung den einen oder die andere dazu, das lernen zu wollen. Denn je weniger kompetente Longenführer es gibt, um so mehr Pferden wird ihr Bewegungsverständnis zerstört, bevor zum ersten Mal ein Reiter drauf gesessen hat.

Das, was ich heute kann, konnte ich früher auch nicht. Ich habe auch zentrifugiert und sämtliche Hilfszügel durchprobiert, weil ich dachte, das Pferd müsse lernen, sich in einer bestimmten Haltung zu bewegen. Muss es nicht. Es muss seinen Körper und dessen Möglichkeiten kennenlernen! Mir hat das niemand erklärt. Sorry, doch, die Pferde haben mir das erklärt. Denn immer, wenn ich dachte, ich wüsste, wie es geht, kam wieder eines und sagte: „Das geht so nicht." Inzwischen lernen wir weiterhin gemeinsam Neues, und es geht schon lange nicht mehr um die Form, aber, oh Wunder, die Form ist da.... Da ich das jetzt halbwegs kann und vor allem auch erklären und zeigen kann, könnten alle, die das ebenfalls lernen wollen, es in wesentlich kürzerer Zeit lernen als ich...

Was weiß ich, wenn ich das weiß? - Es gibt keine Entschuldigungen mehr!

Und: Wenn gutes *Longieren* schon so schwierig sein soll – jetzt mal ehrlich - sollte man das *Reiten* dann nicht lieber bleiben lassen?

Wir waren bei verschiedenen **Fragen und Feststellungen**:

(1) Wo befindet sich die **Longenführerin** und was tut sie?

Wo sie sich befinden kann, steht weiter oben bereits beschrieben. Die Position berechnet sich aus dem Verhältnis zwischen Triebigkeit des Pferdes und der Peitschenlänge und ist durch den Kauf eines geeigneten Meinungsverstärkers in Richtung Zirkelmitte zu verschieben. Wesentlich ist, dass durch Nachfassen und Durchgleitenlassen die Longe gleichmäßig straff bleibt, unabhängig von der Bewegung des Longenführers. Gehe ich näher an das Pferd heran, muss ich im gleichen Maße nachfassen, schicke ich das Pferd von mir weg oder entferne ich mich von ihm, lasse ich durchgleiten. Ebenso wesentlich ist, dass durch Nachfassen und Durchgleitenlassen die Longe auch unabhängig von der Bewegung des Pferdes gleichmäßig straff bleibt: Fällt es herein, fasse ich nach, damit die Longe nicht durchfällt, lässt das Pferd sich hinaus treiben, lasse ich nach – bis zur gewünschten Zirkelgröße.

Was sich weniger gut beschreiben lässt: Die Longenführerin kanalisiert Energie. Die eigene Vitalität, die eigene Vorstellungskraft beeinflussen das Pferd an der Longe stark. Ich habe es oft genug erlebt, dass ein Pferd wie halb tot im Kringel um seinen Besitzer schleicht und zum Leben erwacht, sobald ein anderer die Longe in die Hand nimmt. Die Longe, wohlgemerkt, nicht die Peitsche! (Weiter unter Punkt 5 und 6).

Außerdem gibt der Longenführer dem Pferd ein Bewegungsbild (siehe Kastanienpferdchen), und dieses Bild werden wir im Folgenden erarbeiten - oder erfinden - oder erahnen!

(2) Wie bestimmt man die **Umlaufbahn**?

Durch Absicht, Schubkraft, Ausrichtung. Der Begriff „Absicht" bezieht sich immer auf bereits vorhandene Gesamtbewegungsgefühlsbilder, wohl dem, der sie hat. Die Schubkraft ist die Energie, die das Pferd sich durch Abdrücken aus der Hinterhand vom Boden in den Körper leitet, und mit Ausrichtung ist sowohl die Richtung, die die Schubkraft im Pferdekörper nimmt gemeint, als auch die Organisation von Rumpf und Gliedmaßen zueinander und zur Bewegungsrichtung. Die Schubkraft lässt sich durch

Treiben verstärken, die Ausrichtung der Energie durch die Longenführung (zu der auch die Ausrichtung des Longenführers gehört) und die Vorstellungskraft.

Nicht verstanden? Einfach nochmal lesen. Immer noch nicht? Macht nichts, das kommt noch öfter und dann auch genauer. Klar sollte sein, dass das Pferd vorwärts auf die gewünschte Zirkellinie getrieben wird und nicht seitwärts. Drei Ausrufezeichen. Vorwärts!!! Wenn ich das Pferd auf dem Zirkel für ein paar Meter geradeaus schicke, entfernt es sich von mir und wird damit auf einen größeren Kreisbogen geführt. Dabei bleibt die Ausrichtung des Pferdes erhalten und die Schubkraft ins Körperzentrum gerichtet. Das ist sehr wichtig für die weitere Ausbildung. Textmarker raus, unterstreichen: Vorwärts.

Für ein Pferd, das aus dem Zirkel heraus zieht, ist es ein großer Unterschied, ob man mit der Longe die Umlaufbahn bestimmt, oder ob man das Pferd zu sich zu ziehen versucht. Das kann man auch als Mensch spüren, wenn man selbst das Pferd spielt und einen Partner bittet, als Longenführer diese beiden Absichten nacheinander umzusetzen.

(3) Warum läuft das Pferd mit der Schulter in den Zirkel?

Die Schubkraft des inneren Hinterbeines ist in den inneren Hüfthöcker (der Knochen an der breitesten Stelle des Beckens) gerichtet statt ins Ilio-Sakral-Gelenk. Das äußere Hinterbein schiebt diagonal durch den Pferderumpf nach innen. Der innere Rumpfheber ist zu schwach, um die Bewegung nach vorne umzuleiten.

Gemerkt? Hatten wir schon bei „Schubkraft und Tragkraft". Wer es gewusst hätte, hätte es überlesen dürfen.

Wiederholung: Für das Denken ist es wichtig zu wissen, dass es um Schubrichtungen und -kräfte geht, und nicht um Endpositionen der Gliedmaße. Das Pferd hat sozusagen vier Steuerungsraketen, mit denen es seinen Rumpf in die gewünschte Umlaufbahn bringen kann. Sind diese in ihrer Stärke und Richtung nicht korrekt ausgerichtet, wird es auch mit der Umlaufbahn nichts, der Satellit verschwindet im All oder fällt zurück auf die Erde.

(4) Das Pferd zieht über die Schulter aus dem Zirkel heraus.

Die Schubkraft des inneren Hinterbeines ist vermutlich diagonal durch den Pferderumpf nach außen gerichtet, der Schub des äußeren Hinterbeines geht in den äußeren Hüfthöcker und damit am Pferd vorbei, der äußere Rumpfheber ist zu schwach.

(5) Das Pferd schleppt oder schleicht.

Entweder fehlt es dem Pferd an Energie und Motivation – oder dem Longenführer. Läuft das Pferd sonst freiwillig und lebhaft, ist der Gesundheitszustand zu überprüfen. Eine leichte oder beginnende Hufrehe kann sich ähnlich äußern wie „Lustlosigkeit", ein Infekt und zu dickes Fell desgleichen. Ist das Pferd einfach nur unmotiviert, ist es hilfreich, die Trainingseinheit kurz zu halten, aber darauf zu bestehen, dass sich bewegt wird. Alle Menschen, die Bewegung für anstrengend halten und als Zumutung empfinden, sind weiträumig vom Reitplatz zu entfernen. Diese Vorstellung ist stark infektiös!

Mangelnde Bewegungsfreude ist oft darauf zurückzuführen, dass das Pferd übergewichtig oder durch falsche oder fehlende Bewegung steif geworden ist, oder darauf, dass ihm die Freude an der Bewegung durch rigide Trainingsmaßnahmen verleidet wurde.

Ein anderer Grund kann der sein, dass das Pferd Probleme hat mit der Kombination „psychische Entspannung – körperliche Leistung". Genauso, wie es Menschen gibt, die es gewöhnt sind, nur unter Stress und Druck Leistung zu erbringen, und die, sobald sie sich entspannen, aufs Sofa fallen, gibt es auch Pferde, die ohne Zorn und Stress einfach einpennen. Gelassenes und gleichzeitig kraft- und schwungvolles Arbeiten ist in diesem Fall für Mensch und Pferd ein echter Lernprozess.

(6) Das Pferd eilt oder rennt sogar weg...

Nochmal weiter vorne nachlesen unter PredatorScan und Dissoziation. Vielleicht verknüpft das Pferd auch Arbeit mit Stress. Dann müssen wir unser Anliegen freundlich und im ganzen Satz formuliert darlegen: Schritt. Schritt ist ein gleichmäßiger Viertakt in acht Phasen. 1-2-3-4-1-2-3-4-1-2-3-4....

Wir sind hier auf der Arbeit, und nicht auf der Flucht. Anstatt gleich zu longieren, kann man auch ein paar Runden lang mit dem Pferd an der Hand gehen und es dadurch eintakten. Gelegentlich hilft es, die Peitsche vorübergehend durch ein Zeigestöckchen zu ersetzen.

Im Folgenden eine meiner Lieblingsübungen zum **Eintakten**, mit der man sogar schweinepassende Isländer viertaktig bekommt: Menschen, vor allem Europäer, bewegen sich beim Gehen meistens in einem Zweitakt, der den Aufschlag am Boden, den unteren Totpunkt der Bewegung, betont. Völlig verloren geht dabei der Offbeat, der obere Totpunkt der Bewegung an der Stelle, an der das Knie den höchsten Punkt erreicht hat. Den kann man beim Laufen auch betonen. Hey, cool, man! Anfangs sieht das ein wenig aus wie der Storch im Salat, aber mit etwas Übung bekommt die Bewegung einen ganz anderen Groove und wird eher meditativ – ohne an Energie zu verlieren. Jetzt wird nicht mehr 1-2-1-2-1-2 marschiert, jetzt wird geschwungen. Die Arme fangen dann ebenfalls an, sich einzuschwingen, so dass bei Fortgeschrittenen, die die Fuß- und Phasenfolge verinnerlicht haben, der gewünschte Viertakt in acht Phasen entsteht: Schritt.

Wenn man das mit dem Pferd übt, vielleicht sogar in einer Gruppe, entsteht eine völlig andere Bewegung als die, die Mensch und Pferd abgespeichert hatten. Wer damit experimentiert wird feststellen, dass sich auch beim Reiten sowohl das Gefühl für den Schritt als auch der Gang selbst verändern. Die Begriffe Groove und Offbeat könnt ihr euch, sofern vorhanden, von jedem Schlagzeuger, Trommler oder Tänzer in eurem Bekanntenkreis erklären lassen (oder Tante Google fragen). Der wird auch diese Übung sofort verstehen und sie euch erklären können, falls ihr Probleme damit habt.

Viele Pferde rennen weg, weil sie sich sicher sind, dass sie das ohnehin alles nicht verstehen und nie etwas richtig machen. Hier sind die Menschen in der Pflicht, das Gegenteil zu beweisen. Nicht zu verwechseln mit Eilen und Rennen ist der Energieüberschuss, der regelt sich nach ein wenig Arbeit von alleine.

(7) Oh, Mist, ausgerechnet der …. schaut jetzt zu.

Tja, das kann passieren. Wenn es ganz schlimm ist, bricht man die geplante Trainingseinheit ab und geht mit dem Pferd spazieren. Ansonsten: bleibt bei euch und vor allem beim Pferd, ohne darüber nachzudenken, was der **Zuschauer** zu sehen bekommt und wie er das findet. Eine gute Lösung ist, sich einfach mit dem Pferd zu unterhalten, das geht auch lautlos, und ihm zu erklären, dass die Person am Zaun euch stresst. Und dass ihr gewillt seid, das Beste aus der Situation zu machen. Manchen Menschen kann man auch einfach sagen, dass man gerade keine Zuschauer brauchen kann. Die verstehen das, weil es ihnen selbst oft nicht anders geht.

Hilfreich beim praktischen Üben mit dem Pferd an der Longe ist ein wohlgesonnener, wertfrei beobachtender Zuschauer, der Rückmeldung geben kann, wann sich etwas im Gangbild verändert. Das muss kein Reiter sein, sondern ein Mensch mit gutem Bewegungsverständnis und guter Wahrnehmung. Oft ist man sich während der Arbeit, vor allem am Anfang, nicht sicher, ob sich etwas ändert, und wenn ja, was, weshalb eine erweiterte Feedbackschleife sinnvoll ist.

Mit etwas Glück ist es jetzt so weit, dass das Ross an der Longe im Kreis um den Longenführer schreitet. Der Schritt ist die schwierigste Gangart, deshalb sollte man, wenn es in dieser Gangart Probleme gibt, das Pferd zügigen Schrittes warm *führen*, wahlweise auf dem Platz oder im Gelände, und dann im Trab longieren üben. Denn, wie gesagt, wir sind bis auf weiteres noch beim Üben.

Kapitel III

LONGIEREN II

„Wer will was Lebendigs erkennen und beschreiben,
Sucht erst den Geist heraus zu treiben,
Dann hat er die Teile in seiner Hand,
Fehlt, leider! nur das geistige Band"

Goethe, Faust, Mephisto zum Schüler

Meine Ideen, Vorstellungen und Konzepte sind nicht unbedingt wissenschaftlich fundiert, führen aber in der Praxis zu mehr als zufriedenstellenden Ergebnissen. Als Übungsvorlage für eigene Versuchsreihen enthält das folgende Kapitel weitere Zusammenhänge und Vorstellungen sowie Bilder zu einzelnen, mehr oder weniger übersichtlich angeordneten Körperteilen und Bewegungsproblemen, damit der Sack voller Pferdeteile in eurem Kopf zu einem Reitpferd werden kann. Denkt immer dran: Auch wenn ich die Bewegungen des Pferdes für euch zerlege, damit ihr eine Chance habt, euer Verständnis zu erweitern – ein Pferd muss sich immer ganzheitlich bewegen, während ihr eure Wahrnehmung des Gesamtkunstwerkes Pferd schult.

Das, was ihr auf dem Papier in Wort und Bild seht, muss, damit es wirklich in Hirn, Herz und Körper verstanden werden kann, noch durch die große Waschanlage der Pferderealität. Die biomechanischen Zusammenhänge sind immer gleich, die Entwicklung des Faszienkörpers durch Erleben, Spiel, Arbeit, Erfahrung, Herausforderung, Versuch und Irrtum ist bei jedem Pferd und bei jedem Menschen unterschiedlich – was die Sache erst spannend macht.

Nochmal Goethe: „Wenn ihr´s nicht fühlt, ihr werdet´s nie erjagen". Die Suche nach dem sich „richtig" anfühlenden Pferd ist, wenn man kein solches hat, auf dem eigenen nahezu aussichtslos, es sei denn, man beginnt damit, zu fühlen, wie das Pferd sich fühlt. Nicht, wie es sich *an*fühlt. Dieses Fühlen der Bewegung aus der Sicht des Pferdes ist ein Schlüssel zum Erwerb gemeinsamer Bewegungskompetenz und lässt sich beim Longieren trefflich üben.

In manchen Situationen hilft es, eine möglichst genaue Vorstellung von der Anatomie zu haben, ein anderes Mal ist es hilfreicher, ein gutes Bewegungsbild zu finden oder ein Bewegungsgefühl im eigenen Körper. Optimal ist es, wenn man die unterschiedlichen Zugänge miteinander verknüpfen kann. Deshalb werde ich versuchen, sowohl die anatomischen Zusammenhänge zu erklären, als auch hilfreiche Bilder zu liefern. Die Zeichnungen sind nicht unbedingt zu hundert Prozent anatomisch korrekt, sollten aber vermitteln können, worauf es ankommt. Bewegung ist nicht rein biomechanisch, und Muskeln wirken nicht nur auf Knochen, sondern im Bindegewebe auf die gesamte Struktur. Es geht um mehr als nur um Hebelkräfte. Die „Körpermasse" ist beim bewegungskompetenten Pferd sehr aktiv, kraftvoll und absolut nicht so passiv und willenlos, wie sie in vielen Abhandlungen dargestellt wird. Mir geht es darum, ein „Gefühlsbild" oder eine „Energieidee" zur Verfügung zu stellen, denn damit können sich das Bewegungsverständnis und die Kommunikation mit dem Pferd tiefgreifender verändern als durch technische Zeichnungen. Wie bereits zu Beginn erwähnt: Dieses Buch ist weder ein Anatomiebuch noch eine Reitlehre oder ein Nachschlagewerk, es ist sicher nicht alles Beschriebene absolut richtig – wo ist es das schon – es ist ein Arbeits- und Spielbuch, eine Vorlage zum Selbstdenken und weiter Forschen. Es soll Veränderung in Gang bringen und Freude am Forschen und Üben vermitteln.

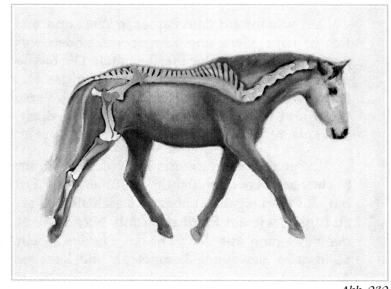

Fangen wir an mit der **Schubkraft** auf ihrem Weg von hinten nach vorne: Vom Boden über die kleinen Gelenke, das Sprunggelenk, das Knie und

Abb. 030

110

das Hüftgelenk bis in das Ilio-Sakral-Gelenk. Vom Kreuzbein durch das Lumbosakralgelenk über die Lenden- und Brustwirbelsäule in die Halswirbelsäule und von dort über das Genick zu Pferdemaul oder -nase. Auf den meisten Abbildungen, die man in Büchern und im Netz finden kann, verdeckt das Schulterblatt den vorderen Teil der Brustwirbelsäule und ihren Übergang zur Halswirbelsäule, und der Brustkorb lässt die Wirbelsäule wesentlich unbeweglicher wirken als sie ist. Das Schulterblatt unterschlägt eine wichtige Information, denn den wenigsten ReiterInnen ist klar, wie es dahinter aussieht und was in diesem Bereich geschieht. Dazu später mehr.

Im Idealfall bringt die innere Schubkraft den Pferderumpf in die richtige Position über den Vorderbeinen, der Pferdehals dehnt sich und der Pferdekopf zieht in die geplante Bewegungsrichtung. Jetzt wird die Vorhand aktiv und hebt das ihr zugeschobene Gewicht nach vorwärts-aufwärts. Oder aktiviert eher der Pferderumpf das Vor-

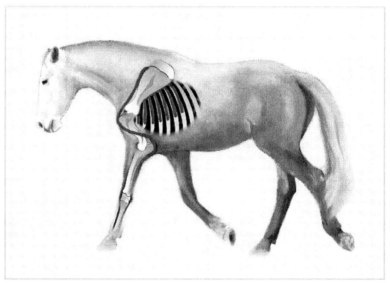

Abb. 031

derbein und die Rumpfheber, um seinen Abstand zum Boden zu halten? Das Bild zeigt die Verbindung zwischen Vorderbein, Schulterblatt und Rumpfheber (Serratus ventralis thoracis) so, dass man sich vorstellen kann, wie die Bewegung weitergehen könnte – passiv und kraftlos oder schwungvoll federnd. (Zu den Rumpfhebern gehört auch die Brustmuskulatur, die in der Literatur aber leichter zu finden ist, als der Serratus ventralis). Mehr über die verschiedenen Muskeln und die Bewegungszusammenhänge findet sich genau beschrieben unter anderem in „Der Reiter formt das Pferd" von U.Bürger und O.Zietzschmann. Das Ellbogengelenk, das Buggelenk und die

111

Rumpfheber arbeiten immer zusammen! Nur bei trageerschöpften Pferden schließen sich Buggelenks- und Ellbogenwinkel, und die Rumpfheber bleiben passiv, so dass der Rumpf schwunglos nach vorne geschoben wird.

Für Fortgeschrittene und Streber:

In der durch Muskelkraft initiierten beginnenden Bewegung wird die Faszie aktiv und stabilisiert in der Streckung die potenziellen Schwachpunkte des Skelettes. Alle Gelenkwinkel öffnen sich gemeinsam in ihre Arbeitshaltung. Am Beispiel von Genick- und Bugwinkel eines überzäumten Pferdes könnte man sagen: Es wird nicht zwangsläufig besser, wenn die Nase nach vorne kommt, aber die Nase muss nach vorne dürfen, damit es besser werden kann. Da die Faszie alle Gelenke und die Körperhälften in

Abb. 032

verschiedenen Faszienketten längs, diagonal und spiralig miteinander verbindet, greift das bekannte Bild der oberen und der unteren Muskelketten zu kurz. Durch die Vereinfachung verlieren sich wesentliche Aspekte des sich ganzheitlich bewegenden Pferdekörpers. Man kann sich die **Faszienverbindungen** wie ein um die Gelenke geschlungenes Gewebe aus Gymnastikbändern vorstellen, das, sobald es sich strafft, mehrere Gelenke dazu bringt, sich zu öffnen, Energie zu leiten und gleichzeitig die Ausweichbewegungen, auf die ich noch zu sprechen komme, unterbindet. Vor allem die diagonalen und spiraligen Verbindungen sind es, die den Eindruck von Gewandtheit und Geschmeidigkeit entstehen lassen, wenn sie gut trainiert sind. Es ist zunächst schwieriger zu erfassen, was geschieht, wenn man sich um ein ganzheitliches Verständnis bemüht. Die Faszie in unserem Beispiel von der Streckung verursacht sowohl eine gerade Federung von hinten nach vorne,

112

als auch eine diagonale, spiralige Straffung, die im Trab die Bewegung des Hinterbeines mit dem diagonalen Vorderbein und den dazu gehörigen Rumpfhebern verbindet. Hä? … sowohl eine gerade Federung von hinten nach vorne, als auch eine diagonale, spiralige Straffung, die im Trab die Bewegung des Hinterbeines mit dem diagonalen Vorderbein und den dazu gehörigen Rumpfhebern verbindet.

Dadurch wird die Schubkraft aus dem Hinterbein mit der Wirbelsäulendehnung und mit den Rumpfhebern des diagonalen Vorderbeines synchronisiert[*].

Abb. 033

Sobald die Bewegung in Schwung kommt, wird die Faszie durch die Aufnahme des Gewichtes in der Beugung der Gelenke gedehnt und aufgeladen, um sich dann, sich verkürzend, wieder in die Streckung zu entladen. Ist die Faszie gut trainiert, benötigt das Pferd für die reine Fortbewegung recht wenig Muskelkraft. Sobald der Energiefluss und das Federn irgendwo im Pferdekörper blockiert werden, funktioniert der Faszienkörper nicht mehr, und die Muskeln müssen kompensieren. Es kommt zu Taktfehlern, Bewegungsstörungen und vorzeitigem Verschleiß.

Die Bilder sollen eine Idee vermitteln. Da im Faszienkörper alles mit allem verbunden ist, habe ich versucht, funktionale Zusammenhänge vereinfacht darzustellen. Ich hoffe, es ist mir gelungen, und man kann sich bei der

---

[*] Ohne diese Synchronisierung fällt die Vorhand zusammen, wenn Schub aus der Hinterhand kommt, Kehlwinkel und Bugwinkel schließen sich, der Rumpf sackt ab. Siehe Trageerschöpfung und Zügellahmheit. Geballtes Wissen zu den faszialen Verbindungen und Arbeitsgruppen im menschlichen Körper finden sich in „Anatomy Trains" von Thomas W. Myers.

Betrachtung vorstellen, was geschieht, wenn die eingezeichneten Faszienbereiche sich straffen und wie die Kraft auf Knochen und Gelenke wirkt. Mein antiquiertes Bildbearbeitungsprogramm und ich haben jedenfalls alles gegeben!

Die Faszie und die Rumpfrotation

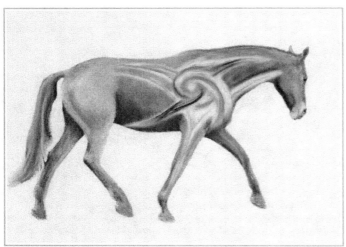

Abb. 033/2

Diese Grafik war ursprünglich reine Spielerei. Wenn man jedoch an den Ausläufern des Wirbels zieht, hat man vier Zugrichtungen, die den Pferderumpf aus der Position der Trageerschöpfung heraus drehen können. Mit dem Wissen über die Biomechanik und die Eigenschaften der Faszie in Kombination mit etwas Fantasie kann man Energiebilder kreieren, die die Arbeit mit dem Pferd leichter, interessanter und erfolgreicher machen. Aus jeder neuen Idee wachsen weitere, und es wird nie langweilig. Vielleicht ist das die Kunst des Lebens mit dem Pferd: Nie stehen bleiben, nie erstarren, sondern immer Neues erfinden auf der sicheren Basis der Bewegungs- und Ausbildungsprinzipien.

Gelenkflächen und Ausrichtung

Wenn wir nun das Skelett in Bewegung betrachten, muss die in die Gelenke gerichtete Kraft die Gelenkflächen im optimalen Winkel treffen und vor allem auch die Gelenke passieren können. Das beste Beispiel hierzu bietet das **Ilio-Sakral-Gelenk**, dessen Gelenkflächen durch die umgebenden Bänder fest aufeinandergehalten werden und in dem nur minimale Bewegung möglich ist. Ist die Schubkraft jedoch nicht präzise ausgerichtet, wird ein Teil der Gelenkfläche stärker belastet als der Rest, was bei dauerhafter Fehlbelastung zu Gelenksentzündung, Knorpelverschleiß und Verspannungen im umliegenden Gewebe führen kann. Vor allem landet die Kraft nicht im Bewegungszentrum, wo sie dem Pferd hilft, sich und den Reiter zu tragen. Deshalb beginnt die Geraderichtung des Pferdes für mich immer mit der Ausrichtung der Schubkraft in dieses Gelenk und mit der Ausrichtung des Beckens auf das Brustbein.

Besagte Geraderichtung funktioniert nur dann, wenn die entsprechende Muskulatur nicht mit Haltearbeit und Kompensation beschäftigt ist und wenn die Bewegungsabsicht stimmt. Je nach dem muss sich die eingezeichnete Rumpfmuskulatur (und auch die nicht eingezeichnete) im Verhältnis zur Schubkraft und zur Streckung des Hinterbeines mehr oder weniger verkürzen oder dehnen. Im rechten Bild endet der Muskel nicht am Ellbogen, sondern am

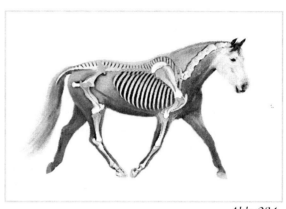

Abb. 034

Brustbein. Innerhalb des Bezugsrahmens der Muskel- und Faszienketten arbeiten die einzelnen Bereiche sehr differenziert, um den Körper in der Bewegung immer wieder neu auszurichten.

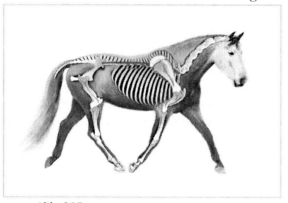

Abb. 035

Mit *jedem* Abdrücken justiert sich der ganze Rumpf vor der Schubkraft neu! Die Muskeln sind in die Faszie eingebaut, sie sind, wie die Knochen, Teile des Faszienorgans und keine Einzelteile, die sich separat bearbeiten lassen.

Beim schiefen Pferd wirkt die Schubkraft auf einer Seite mehr in Richtung Hüfthöcker als ins Ilio-Sakral-Gelenk, auf der anderen Seite zu stark diagonal ins Pferd. Das Pferd muss also sowohl sein Becken in Bezug auf das mittlere motorische Zentrum ausrichten, damit dieses Zentrum die Kraft beider

Hinterbeine „verwalten" kann als auch die Schubkraft der Hinterbeine in die Ilio-Sakral-Gelenke. Um die Bewegungsgewohnheiten zu verändern, benötigt das Pferd Aufgaben, die Bewegungskompetenz und Körperintelligenz fördern und durch die Art der Aufgabenstellung zur Entdeckung der Fähigkeiten des Faszienkörpers führen.

Für Praktiker und alle, die selbst fühlen müssen, um die Zusammenhänge zu verstehen: Um die Beziehung zwischen Hinterhand und Vorhand zu ergründen, hilft das Bild der **Schubkarre**. Besser, arbeitet live mit einer vollen Schubkarre.

Die Karre ist die Vorhand, ihr seid die Hinterhand. Die Hinterhand schiebt, die Vorhand trägt. An nur einem Griff kann man eine Schubkarre nicht fahren. Im Selbstversuch kann man mit der Schubkarre auch prima Geländesituationen (Matsch, Graben, Stufe) üben, oder Volten. Vorteil: Das tut dem Pferd nicht weh, und wenn die Karre hübsch voll ist, merkt man im eigenen Kreuz, wo die Belastungsgrenzen sind und an der Verteilung der Bollen, wo die Technik noch nicht ganz ausgereift ist.

Man merkt auch, wann man Kraft aus der Streckung der Beine holt, wie wichtig es ist, die Kernmuskulatur zu benutzen und dass man vor einer Stufe mal kurz die Kraft mehr von unten ausrichten muss. Versucht mal, mit den Füßen immer möglichst nah an den Schwerpunkt der Karre zu treten und beobachtet, wie ihr dann noch voran kommt. Versucht, beim Gehen ganz locker die Hüften fallen zu lassen. Versucht, das Becken abzukippen und die Füße schön hoch zu heben – und dabei feste zu schieben. Die letzten drei Sätze spiegeln wieder, wie viele Reiter sich versammelte Bewegungen vorstellen – oder überhaupt die Bewegungen eines Pferdes - und im Versuch merkt man, dass es so nicht funktionieren kann.

Und dann gibt es noch die Partnerübung „Schubkarre fahren", bei der einer der Partner in den Liegestütz geht, und der andere dessen Füße hoch hebt und die Karre schiebt. Kommt zu wenig Schub, kommt man auf den Händen nicht vorwärts, kommt zu viel, klappen die Arme zusammen. Der Schub sollte der Kraft der Arme ebenso angemessen sein, wie beim Pferd die Schubkraft aus der Hinterhand der Tragkraft der Vorhand. Wer diese Übung ausprobiert hat, weiß danach auch, was „Kernmuskulatur" ist und bekommt eine erste Vorstellung davon, wieviel Kraft ein „schwingender Rücken" in der gesamten Rumpfmuskulatur erfordert, von Schultern und Armen ganz zu schweigen.

Diese Übungen bringen erste Schritte zum Verständnis der Last- und Aufgabenverteilung im Pferdekörper. Um die Faszientätigkeit zu verstehen und die Beweglichkeit der Wirbelsäule (die der Schubkarre fehlt), ist es zum einen gut, sich selbst bewusst zu bewegen und zum anderen, sich vorzustellen, wie das Pferd seinen Körper spürt: Stellt euch vor, das Pferd zu sein. Und zwar in Bewegung. Ihr seid das Pferd. Manche Menschen machen das ohnehin, oft ohne es zu merken. Sie sehen ein Pferd an der Longe oder unter dem Reiter und sagen: „Aua!". Sie bewerten im ersten Moment nicht, was der Mensch macht oder wie das Pferd aussieht, sie fühlen, wie sich das Pferd fühlt.

Das **Sehen und Fühlen** kann man üben, um dadurch eine umfassende Wahrnehmung zu entwickeln. Da man nicht wissen kann, was man alles nicht sieht, weil man es nun mal nicht sieht, muss man herausfinden, was es zu sehen gibt und manchmal auch, was das Pferd einem zeigen möchte. Das ist ein langer Prozess (nicht Stunden, Jahre!) und nicht durch einen schnellen Blick auf die Anatomietafel oder grafische Darstellungen der Biomechanik zu erledigen. Es reicht nicht, dass der Verstand etwas weiß. Intellektuelles Inselwissen findet selten von alleine die Verbindung zum Bewegungsgefühl und der Körperintelligenz.

Die Bilder müssen laufen lernen, der Körper muss spüren und ausprobieren, worum es geht. Es ist hilfreich, sich mit dem Pferd als *Partner* in diesen Lernprozess zu begeben und davon auszugehen, dass man sich gemeinsam in bislang unbekannte Gebiete vorarbeitet. Durch eure Aufmerksamkeit könnt ihr die des Pferdes auf verschiedene Körperteile und Bewegungsabläufe richten und in der Folge verändern sich Bewegung und Bewegungsverständnis. Zur Erinnerung: Bewertung hat in diesen Übungen keinen Platz. Es geht in erster Linie um Wahrnehmung. Es ist hilfreich, die Aufmerksamkeit zuerst, sofern vorhanden, auf funktionierende Bereiche zu lenken und nicht auf die Problemzonen. Ein Pferd kann nur so gut werden wie die Bewegungsvorstellungen seines Reiters.

Es gibt viele Möglichkeiten, mit der Vorstellungskraft zu arbeiten. Anfangs ist es am einfachsten, wenn man sich *ein* Gelenk vornimmt und sich seine Funktionsweise betrachtet, bis die Energie fließt. Erst auf der einen, dann auf der anderen Hand. Wenn das klappt, schaut man sich die Verbindungen zu den benachbarten Gelenken an und erweitert den Focus schließlich auf das ganze Pferd.

Ich selbst benutze das Wissen über den Faszienkörper und dessen Verbindungen über mehrere Gelenke, weil ich damit ganzheitlich einwirke. Der Vorteil ist, dass dadurch die **Ausweichbewegungen** in den Gelenken unterbunden werden, wie das Durchtreten der Fessel, das „Fallenlassen" des Knies, das Ausweichen des Hüftgelenks nach oben, das Nachgeben in der Lendenwirbelsäule, das Absinken in der Bugspitze und das Zufallen des Kehlgangs. Die aktive Faszie wirkt wie eine Leitplanke für die Bewegungsenergie, sie verhindert, dass die Kraft in Ausweichbewegungen an den Schwachpunkten des Skeletts (siehe Bild) einfach verpufft.

Dieses Ausweichen entsteht immer dann, wenn die Energie irgendwo blockiert wird oder dem Pferd einfach eine bessere Bewegungsidee fehlt.

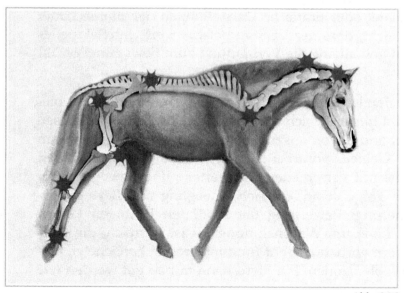

Abb. 036

Blockierungen im Pferdekörper lösen sich während des Trainings normalerweise auf, gegebenenfalls hilft eine Behandlung weiter.

Dauerhafter sind antrainierte „Umleitungen", die das Pferd immer dann erfindet, wenn es über längere Zeit durch Ausbildungsmethoden, Hilfsmittel sowie durch reiterliche Techniken und/oder reiterliches Unvermögen in seiner vollständigen Bewegung gehindert und in Zwangshaltungen gepresst wird. Dann kann es sogar zu einer teilweisen Erblindung des Faszienkörpers kommen, der die blockierten Bereiche einfach ausblendet. Dadurch kann das Pferd seine natürlichen Möglichkeiten nicht mehr wahrnehmen und dem zufolge auch nicht nutzen, mit der Folge, dass die Faszie verfilzt und sich in diesen Bereichen versteift. Das Pferd hat keinen Zugriff mehr auf die Funktionen der ausgeblendeten Strukturen! Wenn man weiß, in welchen Zusammenhängen diese Umleitungen entstanden sind, ist es leichter, die „Knöpfchen" *nicht* zu drücken und neue Wege zu finden. Es gibt beispielsweise Pferde, die bereits auf eine unausgegorene *Vorstellung* von Biegung hochgradig allergisch reagieren und sich in wilde Ausweichmanöver stürzen.

Was weiß ich, wenn ich das weiß?

In der praktischen Arbeit mit dem Pferd kann man Schwachstellen ganz bewusst stärken, indem man sich vorstellt, wie diese Bereiche sich stabilisieren und indem man fehlgeleitete Bewegungsenergie wieder in die Spur schickt. Vor allem kann man von den überlasteten Bereichen Druck fernhalten, wenn man sich klar macht, durch welche Absicht oder Vorstellung man diesen ausübt. Das funktioniert an der Longe ebenso wie beim Reiten. Sobald man sehen kann, wo Energie fehlt, kann sich die eigene Vorstellung von der Einwirkung auf das Pferd verändern. Eines der Probleme mit Techniken ist, dass sie nur funktionieren, wenn die Absicht in Bezug auf die biomechanischen Zusammenhänge und Möglichkeiten klar und stimmig ist. Und wer diese klare Absicht hat, benötigt keine Techniken mehr...

Eine gute Bewegungsvorstellung kann Mängel in den Anatomiekenntnissen ein Stück weit neutralisieren, wenn es aber ernsthafte Probleme gibt, hilft alles nichts: Dann muss man sich mit den theoretischen Grundlagen befassen. Dadurch kommt man leichter auf neue Ideen, und vor allem Pferde, die bereits an Erkrankungen des Bewegungsapparates leiden, sind dankbar, wenn man den Energiefluss in der Bewegung wieder in Gang bringt. Und genau dafür sollte man die klassischen Schwachpunkte zumindest ungefähr kennen.

Energiearbeit

… bietet ein weites Feld, auf dem man spielen, arbeiten, heilen und tanzen kann. Energiearbeit beschäftigt „die anderen 90%" unseres Gehirns, das sich mit linearem Denken und dem Verwalten von Techniken nicht wirklich gefordert sieht. Energiearbeit funktioniert zum großen Teil über die Vorstellungskraft, die Energiequellen erschließt, Energie lenkt, aufnimmt und fließen lässt und einer bestimmten Aufgabe zuführt. Gelungenes Reiten und Longieren sind zu einem großen Teil Energiearbeit.

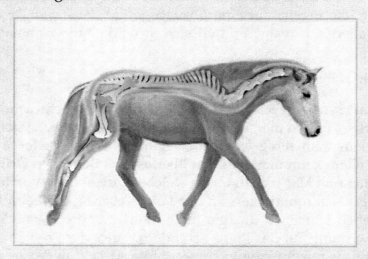

Der vorletzte Satz könnte auch lauten: Reiten funktioniert, wie auch Longieren, zum großen Teil über die Vorstellungskraft, die Energiequellen erschließt, Energie lenkt, aufnimmt und fließen lässt und einer bestimmten Aufgabe zuführt. Gleichzeitig geschieht im Körper etwas Ähnliches: Kraft wird aufgenommen oder hervorgebracht, gelenkt und zum Fließen gebracht – im eigenen Körper ebenso wie in Verbindung mit dem Pferd und im Pferdekörper – um Bewegungsaufgaben zu lösen. Je besser geistige Kraft und körperliche Fähigkeiten sich miteinander verbinden, um so geschmeidiger und ganzheitlicher wird die Bewegung.

Je genauer die Wahrnehmung auf allen Ebenen ist und je wertfreier sie arbeitet, um so genauer lassen sich Bewegungen harmonisch aufeinander abstimmen. Am Anfang war das Wort. Das Wort hat Macht. Was man ruft, kommt. Worte tragen Energie. Eine klare Formulierung ohne Widersprüche macht den Weg frei. Unbewusst und absichtslos verwendete Worte – nachgeben, gehorchen, schleppen, beugen, biegen, aufgeben – und vor allem die mit ihnen verbundenen *Gefühle* von Passivität, Gebremstsein und Unterdrückung - sabotieren Leichtigkeit, Schwung und Lebensfreude. Wer positiv formulieren kann, was er erreichen möchte, was das Pferd tun und wie sich das anfühlen soll, macht Energiearbeit. Vor allem wenn sich die gewählte Aufgabenstellung auch für das Pferd gut anfühlt.

Masuro Emoto hat mit seinen Bildern von Wasserkristallen wahre Überzeugungsarbeit geleistet, was die Macht von Worten angeht. Wasser wurde mit verschiedenen Worten und Gefühlen „geimpft" und dann gefroren und die entstehenden Wasserkristalle bildeten, je nachdem, welchem Einfluss sie ausgesetzt waren, entweder wunderbare Kristalle (Liebe, Dankbarkeit, Gebete) oder hässliche, formlose Klumpen (Neid, Hass, Schimpfwörter).

Der Mensch besteht zu mehr als 70% aus Wasser (der Rest ist Einstellung). Beim Pferd ist es vermutlich genauso. Was weiß ich, wenn ich das weiß?

Energiefluss

Eine zu weiche Fesselung kann ererbt sein, meistens ist der Fesselbereich jedoch derjenige, der am leichtesten nachgibt, wenn der Energiefluss nach vorne und oben behindert ist, die großen Gelenke blockieren und der Faszienkörper im Abfußen nicht korrekt arbeiten kann. Wenn man bedenkt, dass das Pferd ein **Zehengänger** ist und darauf achtet, dass das Abdrücken vollständig stattfindet und durch den ganzen Pferdekörper „bis in die Zehenspitze", bzw. von der Zehenspitze bis zur Nase geht, wenn man sich klarmacht, wohin das Gewicht gehört, damit das auch funktionieren kann, wird die Faszie in ihrer Federkraft trainiert, anstatt einfach nur nachzugeben. Die Fessel stabilisiert sich (siehe Faszientraining). Allerdings funktioniert das nur in einem positiven Bewegungsablauf in dem alle Gelenke arbeiten, und in optimalem Timing. Die vordere Fessel nimmt das Gewicht in der ersten Hälfte der Stützbeinphase auf und federt bereits wieder in die Streckung, *bevor* das Stützbein in die Senkrechte kommt. Die Fessel nimmt das Gewicht in der ersten Hälfte der Stützbeinphase auf und federt bereits wieder in die Streckung, *bevor* das Stützbein in die Senkrechte kommt. Die Fessel nimmt das Gewicht in der ersten Hälfte der Stützbeinphase auf und federt bereits wieder in die Streckung, *bevor* das Stützbein in die Senkrechte kommt. Bei trageerschöpften Pferden und vielen Dressurpferden bleibt der Fesselkopf in der zweiten Hälfte der Stützbeinphase bodennah, und die Sehnen werden überdehnt und dadurch überlastet. Die überlasteten Sehnen werden dicker, das Fesselringband dadurch zu eng, und wir sind beim **Fesselringbandsyndrom** – der Berufskrankheit der Dressurpferde.

Für die anderen Gelenke gilt ebenfalls: Es muss klar sein, wo die Kraft hin soll, der Weg muss frei sein, und dann kann sich etwas verändern. Wer Energie dorthin umlenkt, wo sie ihm nutzen kann, anstatt sie an anderer Stelle zu blockieren, trainiert die Gewandtheit und Kraft des Pferdes zu seinen Gunsten, anstatt es zu verschleißen. Das Bild „**Zehengänger**" bewirkt auch eine Veränderung im eigenen Verständnis, da wir als Sohlengänger dazu neigen, die Pferde ebenfalls als solche zu betrachten und allein dadurch das Federn der unteren Gelenke nach oben blockieren. Viele Reiter stellen sich die Bewegung der Vorderbeine als ein „**Abrollen**" vor, mit dem Erfolg, dass ihr Pferd zwar immer weicher zu sitzen ist, im Rumpf aber immer tiefer kommt, weil die Rumpfheber passiv bleiben und ausleiern (weiter unter „Trageerschöpfung"). Eine andere Variante des Abrollens lässt Rumpfheber und Bauchmuskulatur isometrisch arbeiten, was den Eindruck eines aufgewölbten Pferderückens vermittelt, wobei sich an der Belastung der Fesseln aber nichts ändert. Was weiß ich, wenn ich das weiß?

Die nächsten Übungen für den **Selbstversuch** wären demnach: Federn, Hüpfen, Springen – unter Berücksichtigung der persönlichen Belastbarkeit. Und bitte nicht nur auf die Phase des Abdrückens achten, sondern bei der Landung den Vorderfuß dem Boden entgegen strecken und das Gewicht in exzentrischer Muskel- und Faszienarbeit aufnehmen lassen. Vorteil dieser Übungsreihen: Der ganze Körper richtet sich neu aus und findet eine neue Balance. Wirbelsäule und Kniegelenke werden es danken, desgleichen das Pferd. Für Fortgeschrittene eignet sich jede haushaltsübliche Treppe als Trainingspartner.

Um ein Gefühl für die **Variationsmöglichkeiten der Bewegungsorganisation** zu bekommen, kann man sich unterschiedliche Ausgangspunkte für Bewegungsabläufe vorstellen und damit verändert sich jedes Mal die Bewegung. Freies Tanzen zu vielschichtiger Musik hilft dabei, herauszufinden, was geschieht, wenn man die Energie in verschiedenen Gelenken und Körperteilen ihren Anfang nehmen lässt. Es ist erstaunlich, wie die Bewegung sich verändert, wenn man sich vorstellt, sich vom Boden abzustoßen anstatt ein Loch in selbigen zu treten.

Die Kraft, die den Boden beben lässt, lässt sich in der Faszie kurzfristig speichern und für die weitere Verwendung wieder freisetzen – wenn der Körper entsprechend ausbalanciert ist. Unser Körper reagiert auf unsere Vorstellungen, und genauso tut es der Körper des Pferdes. Beim Tanzen lässt sich auch fühlen, welche Muskeln den Rumpf in sich bewegen, welche die Gliedmaßen in sich (Arm winkeln zum Beispiel) bewegen und welche die Gliedmaßen in Bezug auf den Rumpf. Desgleichen spürt man die diagonalen Verbindungen der Faszie in den Richtungswechseln der Bewegung. Wer sich diese unterschiedlichen Zusammenhänge nicht nur im Geiste, sondern auch in der Bewegung erarbeitet hat, versteht den Pferdekörper wesentlich besser und kann dadurch auch anders einwirken.

Nach dem Ilio-Sakral-Gelenk muss die Schubkraft das **Lumbosakralgelenk** (die Verbindungsstelle zwischen Kreuzbein und Lendenwirbelsäule) passieren. Das LSG ist sozusagen das „Galoppgelenk", in dem Beugung bis zu 20° möglich ist. Im Trab bewegt sich hier nicht viel, und die Vorstellung vieler Reiter, das Pferd müsse im Trab bei jedem Trabtritt aktiv das Becken abkippen, blockiert die gesamte Hinterhand. Das leichte wechselseitige Absenken der Hüfte in der Bewegung resultiert aus einer minimalen Rotation um die Längsachse der Wirbelsäule. (Darüber, welche Bereiche wie stark und in welchen Zusammenhängen rotieren, habe ich in der Literatur unterschiedliche Aussagen gefunden. Für unsere Zwecke reicht es zu wissen, *dass* etwas rotiert.) Genau genommen gleicht die Wirbelsäule die Veränderungen, die durch Abdrücken und Vorschwingen der Hinterbeine im Becken entstehen, aus. Die eigentliche Trabbewegung kommt primär aus Hüft- und Kniegelenk. Erst mit beginnender reeller Versammlung neigt sich das Becken leicht, immer in Verbindung mit der Beugefähigkeit der großen Gelenke der Hinterhand. Immer in Verbindung mit der Beugefähigkeit der großen Gelenke der Hinterhand. Immer in Verbindung mit der Beugefähigkeit der großen Gelenke der Hinterhand. Diese Beugung bezieht sich auf das Einfedern unter Last und nicht auf die Winkelung der Gelenke im Vorschwingen. Ausrufezeichen.

Ein weiteres, häufig zu sehendes Problem: Viele Pferde kippen das Becken vom Bewegungszusammenhang abgekoppelt im LSG ab und bewegen sich mit steifen Hinterbeinen in einer Art Schweinegang, vor allem dort, wo das Beckenabkippen mit Sporeneinsatz gefordert wird, ohne dass das ganze Pferd gymnastiziert wird. Viele Quarter laufen so – auf diese Weise muss der Reiter sich nicht weiter damit befassen, die kräftigen Hinterschinken geschmeidig zu machen - aber auch viele „Dressurpferde" sieht man so traben. Rehepferde versuchen, durch dieses Unterschieben der Hinterbeine die Vorhand zu entlasten. Hier arbeitet die Muskulatur in Dauerspannung, losgelassene Bewegungen sind nicht mehr möglich und die Pferde sind nicht in der Lage, flexibel auf Bewegungsanforderungen zu reagieren. Die Muskeln sind auf eine einzige Aufgabe fixiert, anstatt sich gegenseitig in der Bewegung zu ergänzen. Zudem ist die Atmung behindert, da die gesamte Bauchmuskulatur an der Haltearbeit beteiligt ist.

Wer wissen möchte, wie sich das anfühlt, kann im Selbstversuch das Becken bis zum Anschlag abkippen und mit steifen Knien laufen, während ein Trainingspartner fleißig mit Sporen zwischen den Rippen herumstochert, am besten über Trabstangen oder auf unebenem Untergrund. Füße heben, lächeln und bitte etwas mehr Schwung!

Das Abkippen des Beckens ist in vielen Reiterhirnen gleichgesetzt mit „Versammlung". Diese gedankliche Abkürzung führt auf einen der am breitesten ausgetretenen Irrwege der Pferdeausbildung.

Die Sache mit der **Versammlung**

So viel Blödsinn wie zu diesem Thema bekommt man selten zu sehen und zu hören. Und wenige Maßnahmen sind schädlicher für das Pferd, als eine dilettantisch erzwungene Versammlungshaltung – eine Karikatur dessen, wofür der Begriff „Reitkunst" stehen sollte. Es gibt eine ganze Sammlung von Standardsätzen, die man in nahezu jedem gut sortierten Reitstall allen Ernstes aufgetischt bekommt und die von ReiterInnen, die noch weniger wissen, geglaubt werden:

Ohne Beizäumung (Nase ran!) geht das Pferd auf der Vorhand. Das schadet dem Pferd. Also Schlaufzügel drauf. Wenn der nicht untertritt, läuft der auf der Vorhand. Also Sporen dran. Das Pferd hat immer und ständig in „Stellung" zu gehen. Wobei das gequälte Kopf schräg Halten bis der Reiter endlich glaubt, „Auge und Nüster schimmern zu sehen", mit dem ursprünglichen Begriff nichts mehr zu tun hat. „Setz´ dich mal richtig rein, damit der die Hinterhand beugt." Klar, die Hinterfüße müssen irgendwie unter den völlig abgesackten Rumpf.

Die Westernvariante: Mit hoher Hand ganz locker eins auf die Stange, damit die Rübe runter geht (45° hinter die Senkrechte) und der Rücken hochkommt. Dass außer dem Katzenbuckel nichts hochkommt, fällt niemandem auf. Wenn das nicht reicht – die Sporen... Ganz feines Reiten am losen Zügel. Ja, ja. Alles im Namen der Versammlung. Diese Aufzählung ist beliebig verlängerbar, aber es macht keinen Spaß, das zu schreiben. Dieses Buch enthält alle Informationen, die man benötigt, um Unsinn als Unsinn zu erkennen

Mein Tipp: Überprüft zuerst, ob ansatzweise die Kriterien für eine einfache Grundausbildung erfüllt sind. Vor allem bei den Pferden derer, die solche Ratschläge geben und kein Problem damit haben, wenn ein Jungpferd mit falschem Knick, geschwollenen Ohrspeicheldrüsen und beginnender Zügellahmheit in der Halle seine Kreise zieht. Die Kapitel über die Grundausbildung werden von den meisten ReiterInnen überlesen oder sind in vielen Reitlehren gespickt mit Hinweisen auf die anzustrebende Versammlung, damit es dann auch mit der Piaffe klappt. Ich habe auch schon erlebt, dass angehende „Meister" Pferden und Reitern ohne jegliche Grundausbildung zuerst das Piaffieren beibringen wollten, weil sie das von ihrem Meister gerade als Problemlösung par excellence gelernt hatten.

In der gehobenen Literatur herrscht weitgehend Einigkeit darüber, dass „Reiten nur von hinten nach vorne funktioniert" (u.a. Heuschmann, Balanceakt). Warum aber steht in den gleichen Büchern, dass sich der Schwerpunkt in der Versammlung nach hinten über die Hinterhand verlagert? Das tut er meiner Meinung nach nur für Levade und Co, für alle Aktionen, die aus dem Stand nach oben gehen sollen. Ansonsten ist das nicht vorwärts, sondern rückwärts gedacht. Alles was in der Vorwärtsbewegung stattfinden soll, bedarf der Schubkraft, nur dass diese sich in der Piaffe anders ausrichtet als im reinen Vorwärts der freien Gänge. Je gewandter das Pferd wird – und zwar durch Übung, nicht durch Drill – um so weiter schiebt sich die gut gewinkelte Hinterhand unter den Schwerpunkt, um von dort aus die Energie nach vorwärts-aufwärts ins Pferd zu bringen. Die Hinterhand nähert sich dem Schwerpunkt. Vorwärts. Die Hinterhand nähert sich dem Schwerpunkt. Vorwärts. Die Hinterhand nähert sich dem Schwerpunkt. Vorwärts.

Wie auch immer die Sache mit der Schwerpunktverschiebung aus der Sicht der Meister aussieht: In der wirklichen Welt der Pferde, in der alltäglichen Hölle, wird mit der Vorstellung, der Schwerpunkt müsse in der Vorwärtsbewegung nach hinten über die Hinterhand verlagert werden, tierschutzrelevanter Unfug getrieben. Das Bedürfnis, sein Pferd irgendwie zu versammeln, steigt meistens proportional zur eigenen körperlichen Unbeweglichkeit und überproportional zur Angst vor Kontrollverlust und ist meiner Meinung nach darauf zurückzuführen, dass zu Beginn der Ausbildung von Reiter und Pferd zu schnell vorgegangen wurde und beider motorische und sensorische Fähigkeiten dem intellektuellen Anspruch nicht genügen können.

Wer gelassen und mit Freude mit seinem Pferd trainieren will, sollte das Wort „Versammlung" vorübergehend als Bäh-Wort behandeln und sich mit der eigenen körperlichen Gewandtheit und der des Pferdes in freien, schwungvollen Gängen am langen Zügel (das bedeutet in Anlehnung. Ohne diese ist es der hingegebene Zügel) befassen. Bis das Reiten eines Zirkels (Kreis, zwanzig Meter Durchmesser, keine Ecken) und der Wechsel aus demselben im Leichttraben und im leichten Sitz in gegenseitigem Einvernehmen und mit unsichtbarer Einwirkung funktioniert. Bis das Pferd sich gelassen an jedem beliebigen Punkt des Zirkels und der ganzen Bahn sowohl aus dem Trab als auch aus dem Schritt angaloppieren lässt und der Zirkel auch im Galopp ganz natürlich rund ist. Bis ein leichtes Gefälle im Gelände die Gangqualität nicht mehr negativ beeinflusst. Bis dahin wird der Schritt am hingegebenen oder langen Zügel geritten.

Die Begriffe Gewandtheit, Geschmeidigkeit, Schwung, Losgelassenheit, Beweglichkeit, Kraft, Ausdauer, Ausstrahlung, Harmonie, Körpereinheit, Hingabe und Bewegungsfreude sollten ganz oben auf der Liste dessen stehen, was man mit seinem Pferd üben will. Die Versammlung kommt, wenn diese Fähigkeiten in zunehmenden Schwierigkeitsgraden trainiert werden, von alleine. Versucht, die oben genannten Qualitäten in eurer Arbeit mit den Pferden in Herz und Körper zu fühlen, der Verstand bringt euch da nicht weiter. Der Verstand krittelt an der Form herum, kann aber echte Bewegungsqualität nicht erfassen.

So. Das war das. Therapeutische Maßnahme für das Wohlbefinden der Autorin. Das Thema habe ich bereits an dieser Stelle behandelt, weil allein die falschen Vorstellungen von Versammlung das Pferd selbst an der Kappzaumlonge massiv behindern können und den Lernprozess im Reiterhirn vorzeitig abwürgen.

Für unsere Zwecke gehört das LSG im Schritt und im Trab vorerst in eine neutrale Position, in der es die Schubkraft gut nach vorne durchlassen kann. Nur Pferde, die sich „ins Hohlkreuz" drücken, müssen korrigiert werden, da diese im LSG die Steife des Hüftgelenkes ausgleichen. Die Muskeln der Ilio-Psoas-Gruppe helfen hier, Stabilität zu gewinnen, damit die Hüftstrecker auch wirklich auf das Hüftgelenk wirken. Viele Menschen machen die gleiche Ausweichbewegung: Wenn sie das Hüftgelenk strecken wollen, gehen sie ins Hohlkreuz. Wenn die Pauschen der Dressursättel die Oberschenkel nach unten ziehen, kippt weiter oben das Becken.... Findet diese Muskulatur jetzt in euch selbst, dann könnt ihr sie auch im Pferd ansprechen. Vor allem findet ihr sie dann, wenn ihr sie beim Reiten braucht. Wer das alleine nicht schafft, fragt den Humanphysiotherapeuten seines Vertrauens.

Weiter geht es über die **Lendenwirbelsäule** (rot) und die **Brustwirbelsäule** (grün) nach vorne. Die Lendenwirbelsäule ist relativ unbeweglich und das Verbindungsstück zwischen Brustkorb und Hinterhand, das nicht für Belastung von oben konstruiert ist. Auf die Lendenwirbelsäule gehört kein Sattel, und auch Übergewicht in Verbindung mit schwacher Bauchfaszie beeinträchtigt die Lendenwirbelsäule in ihrer Funktion als Übertragungsweg für die Schubkraft. Dieser Bereich definiert sich vor allem durch das, was er *nicht* ist: Ein tragendes Bauteil.

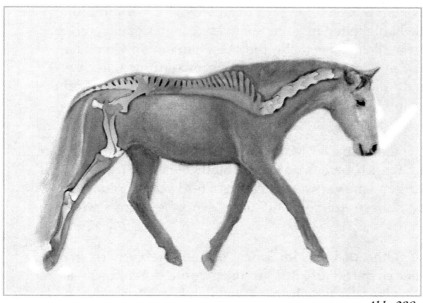

Abb. 038

Die Brustwirbelsäule des Pferdes ist wesentlich beweglicher, als gemeinhin vermutet: Hier finden Biegung, Beugung und Rotation statt, vor allem im hinteren Bereich. Allerdings nur in der gesunden Wirbelsäule. Die gesamte Sattellage ist bei vielen Pferden ein einziges Krisengebiet, weil sie mit Muskelkraft versuchen, dort Stabilität zu erzeugen. Dadurch kompensieren sie sowohl die falschen Bewegungs – und Einwirkungsvorstellungen ihrer Reiter, als auch eine allgemeine Überlastung. Diese Überlastung ist den wenigsten Reitern bewusst. Zum Vergleich: Es dauert eine gewisse Zeit, bis man mit drei kleinen Bällen jonglieren kann. Etwas länger dauert es, bis man das Gleiche mit drei vollen Fünf-Liter-Kanistern kann. Die Bewegungen der Brustwirbelsäule sind klein, aber wesentlich für das Ganze und gehören zu den Voraussetzungen für ganzheitliche Bewegung.

Beim Longieren lohnt sich der Versuch, dort Leben und Bewegung hinein zu denken, die Wirbelkette schwerelos, locker und geschmeidig auf dem Zirkel sich schlängeln und schwingen zu lassen, alle beteiligten Muskeln und vor allem die Faszie anzusprechen. Es gibt in der Bewegung keine Haltemuskulatur. Es gibt in der Bewegung keine Haltemuskulatur. Es gibt in der Bewegung keine Haltemuskulatur... Brustwirbelsäule und Brustkorb beherbergen die Bewegungszentrale des Pferdes. Wir hatten das bereits. Von hier nimmt alle Bewegung ihren Anfang. Gleichzeitig liegt hier der Sattel, und in diesem sitzt auch noch ein Reiter, wenn es dann soweit ist. Der **Brustkorb** macht einen sehr kompakten, unbeweglichen Eindruck – aber dieser Eindruck täuscht. Allerdings ist der Brustkorb bei den meisten Menschen ein unbewegliches, kompaktes Teil. Deshalb ist es schwierig, hier Bewegung hineinzudenken. Leichter ist es, Bewegung hinein zu tanzen oder zu atmen. Der Atem hilft auch Pferden, die einen steifen Brustkorb haben:

Viele Pferde, vor allem die, die sich gerade aus der Trageerschöpfung herausarbeiten, halten regelrecht die Luft an, bzw. versuchen, ohne Rippenbewegung zu atmen. Geht nicht so gut! Diese Pferde benötigen zuerst manuelle Therapie und laufen danach weniger steif und verhalten, wenn man sich vorstellt, dass sie nicht in die Bugspitze oder in den Bauch atmen, sondern in den Rücken. Auch das kann man an sich selbst ausprobieren: Einen Rucksack mit zwanzig Prozent des Eigengewichtes auf den Rücken geschnallt und losgelaufen. Bergauf und bergab. Atmen.

Der hinterhältigste Schwachpunkt im Skelett ist der **Übergang zwischen Hals- und Brustwirbelsäule**. Das unsichtbare Krisengebiet, der Bereich im Pferd, der kaum für Behandlungen zugänglich ist und extrem sensibel auf Dauerdruck und falsche Aufrichtung reagiert. Der Kopf und der lange Hals des Pferdes sind von Natur aus dazu da, trotz der langen Beine ans Gras zu kommen und dieses auf seinen Weg in den Verdauungsapparat zu bringen - und um sich auf der Flucht vor Raubtieren jederzeit damit ausbalancieren zu können. Rückwärts wirkende Zügel waren nicht vorgesehen. Ein Reiter auf dem Rücken allerdings auch nicht. Der Übergang zwischen Hals- und Brustwirbelsäule ist nicht dafür gemacht, ständig gestaucht zu werden und hält Druck nur dann aus, wenn dieser aus dem Pferderumpf heraus nach vorne in die Dehnung gerichtet ist.

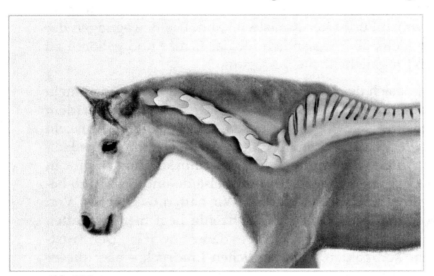

Abb. 039

Für Fortgeschrittene:

An dieser Stelle trifft die sehr bewegliche Halswirbelsäule auf die Brustwirbelsäule und damit auf den Rumpf und die Körpermasse. Gleichzeitig treten hier die Nervenbahnen der Vorhand aus dem Rückenmark aus. Zudem treffen der Schub aus der Hinterhand (wenn er es denn bis hierhin geschafft hat) und rückwärts wirkende Zügelführung mit dem Druck des Reitergewichtes zusammen. Stellt euch das bildlich vor. Versucht zu spüren, wie sich das für ein Pferd anfühlt. Dieser Bereich lässt sich durch kein me-

130

chanisches Hilfsmittel, durch keinerlei Druck von außen unterstützen. Hier benötigen wir Hydraulik. Man kann sich die Wirbelsäule auch als Schlauch vorstellen, der abknickt, wenn zu wenig Innendruck (innere Schubkraft) auf zu viel Außendruck (Zügel, Reitergewicht, äußere Schubkraft) trifft. Vor allem braucht es Beweglichkeit, exzentrische Bewegung, damit dieser sensible Bereich sich ständig neu organisieren und im positiven Bewegungsablauf neu stabilisieren kann.

Für den Anfang muss die Energie dort nach vorwärts-abwärts durch und weiter durch die Halswirbelsäule bis zur Pferdenase, die im Erfolgsfall vorwärts in den Kappzaum drückt. Damit hat die Schubkraft die einfache Dehnung vom Hinterfuß bis zur Pferdenase geschaffen. Auf vortreibende Hilfen dehnt sich das Pferd an den Kappzaum. Um das Pferd zu unterstützen, gibt es verschiedene Möglichkeiten. Schiebt das Pferd beispielsweise die Bugspitze (Brustbein) nach vorne heraus, kann man zum einen mit der Atmung arbeiten, siehe oben, oder man legt im Geiste eine Hand vor/unter den Bug, damit die Bewegung in die Halswirbelsäule umgelenkt wird. Der Übergang zwischen Halswirbelsäule und Brustwirbelsäule öffnet sich gleichzeitig mit dem Kehlgang, daher kann man eine zweite Hand sanft auf das Pferdegenick legen. Das sind jetzt insgesamt vier Hände... Wenn die Vorstellungskraft bereits gut trainiert ist, kann man sich den ersten Brustwirbel wie bei einer **Marionette** an einem Faden aufgehängt vorstellen. Werdet erfinderisch und probiert aus, was bei euch und eurem Pferd funktioniert, denn da gibt es große Unterschiede.

Mit euren **geistigen Händen** könnt ihr Energie umlenken, das Pferd lockern oder stabilisieren. Es gibt unzählige Variationen von Energiearbeit, und viele nutzen die Energie, die man zwischen den Händen fließen lassen kann oder ein Energiefeld, das sich zwischen den Händen aufbaut. Das funktioniert auch auf Entfernung und wenn man das Pferd nur in Gedanken berührt. Eigentlich berührt man nicht das Pferd selbst, sondern lenkt den Energiefluss. Man öffnet einen Raum der Möglichkeiten. Man bietet Veränderung an. Diese Veränderung wird unterstützt durch eine möglichst genaue Bewegungsvorstellung, die sich im Laufe der Zeit immer weiter verfeinert. Erinnert euch an das Kastanienpferdchen! Diese geistige Kraft ist stärker als die meisten glauben:

Vor einigen Jahren war ich zum Reiturlaub in Portugal, wo ich einen jungen, gerade angerittenen Lusitano zugeteilt bekam. Das Pferdchen tat sich mit dem Schritt gehen sehr schwer, es zackelte ständig los. Ruhiger, geschmeidiger Sitz, ruhige Zügelführung, Viertakt zählen – nichts half so recht. Bis ich im Geiste – in Gedanken bei dem Satz: „Das Pferd muss ziehen" - dem Pferd einen schweren Wagen anhängte, damit es etwas zu ziehen hatte. Von dem Moment an bewegten wir uns, sehr zum Erstaunen des Reitlehrers und der Zuschauer, in einem energischen ruhigen Schritt, der durch nichts mehr zu erschüttern war.

Als wir dann antraben sollten, kam weiter ruhiger, energischer Schritt. Kein Trab. Nix zu machen. Bis ich endlich auf die Idee kam, den schweren Wagen gegen einen leichten Sulky auszutauschen. Danach konnten wir wunderbar traben...

Der Haken an der Sache mit der Imagination ist der, dass sie als negative Energie ebenfalls mitarbeitet. Sobald man lustlos ist, das Gefühl hat, dass ohnehin nichts klappt, dass das Pferd gegen einen arbeitet etc., nimmt man sich die Möglichkeit der konstruktiven Gestaltung und des gemeinsamen Lernens. Der erste Schritt ist immer, sich seiner Gedanken und Gefühle bewusst zu sein, um dann einen brauchbaren Weg zu finden, in eine positive Entwicklungsspirale zu kommen. Ein paar gute Bücher über Energiearbeit schaden übrigens ebenso wenig wie die über Anatomie und Biomechanik. Vor allem, wenn man sie liest und das Beschriebene ausprobiert.

Pferde reagieren auf unsere Absicht. Je klarer die Absicht formuliert ist – durch Worte, Bilder, Bewegungen und Empfindungen – um so besser können die Pferde sie aufnehmen und umsetzen. Es ist nicht leicht zu verstehen: Die Worte sagen dem Pferd wenig, von ein paar Kommandos abgesehen. Wer aber dem Pferd „im ganzen Satz" und präzise erklärt, wie es sich bewegen soll, wird merken, dass der Text ankommt. Allerdings nehmen Pferde nicht den Text, sondern die durch ihn ausgedrückte Absicht wahr. Uns Menschen gibt die genaue Formulierung die Möglichkeit, Handeln und Absicht in Einklang zu bringen, sie macht uns bewusst, dass „Jetzt wird der schon wieder schief!" keine verständliche Absicht vermitteln kann - außer dem Begriff „schief". „Schief kann ich prima", sagt das Pferd dann...

Die Vorhand

Sobald die Dehnung immer wieder abrufbar ist, können wir die **Rumpf-beweglichkeit** weiter ergründen, die ich bereits auf Seite 55 beschrieben habe. An dieser Stelle lade ich euch ein, euch mit eurer eigenen Wirbelsäule zu beschäftigen und herauszufinden, wie sich die Beweglichkeit unter Belastung verändert. Meine These lautet: Die Grenzen der Beweglichkeit sind auch die **Grenzen der Belastbarkeit**. Wenn die Belastung so groß ist, dass in der Wirbelsäule keine Bewegung mehr möglich ist, nimmt der Körper früher oder später Schaden. Im Verlauf der Ausbildung werden die Bewegungen der Wirbelsäule durch zunehmende Kraft und Gewandtheit immer zielgerichteter und dadurch kleiner, die Wirbelsäule stabilisiert sich in der Bewegung, ohne jemals starr zu werden. Versucht, diese Bewegungen selbst zu machen und zu fühlen. Fangt an als Schlange auf dem Boden, werdet zur Echse und dann zum hochbeinigen Wirbeltier. Stellt euch vor, wie es ist, einen so langen Hals zu haben, in den hinein sich die Rumpfbewegung fortsetzt. Das Pferd trägt seine Nase relativ ruhig vor sich her, die ganze Schlängelei ist darauf ausgerichtet, das zu tun.

Das Schlängeln, das beim gut ausbalancierten Pferd kaum wahrnehmbar ist, bildet gemeinsam mit der Fuß- und Phasenfolge ein Muster, das, wenn wir es verstanden haben, alle Timingpunkte enthält, die man benötigt, um ein Pferd mit kaum sichtbaren Hilfen zu longieren oder zu reiten. Die Pferde empfinden die Konzentration auf diese Bewegungen als sehr entspannend und häufig lösen sich dadurch Probleme, die man durch aktive Einwirkung nur verstärkt. Verloren gegangene Bewegungsphasen finden sich wieder, Hals und Genick werden frei und der Schritt ist keine schwierige Gangart mehr. Zusammen mit der Taktübung von Seite 105 erhaltet ihr ein sehr brauchbares Werkzeug, um Takt und Losgelassenheit zu erreichen. Nochmal für den Textmarker: Mit aktiver und verkürzender Einwirkung bei falschem Bewegungsverständnis macht man den Schritt (und nicht nur den) kaputt, er wird zum Passgang. Wer verstanden hat, wie guter Schritt sich anfühlt und aussieht, wird schlechten Schritt sofort erkennen. Ich kenne kaum Dressurpferde in meinem Umfeld, die vernünftigen Schritt am langen Zügel gehen können. Was weiß ich, wenn ich das weiß?

Dieses geschlängelte Viertaktlongieren – oder ist es viertaktiges Schlängellongieren? - ist eine sehr meditative Beschäftigung, die euch hilft, Bewegung zu fühlen wie ein Pferd. In meinen Seminaren unterrichte ich diesen Teil am liebsten während eines Spaziergangs, ohne Pferde. Wenn sich dann die ganze Gruppe eingeschwungen und synchronisiert hat, ist das Arbeitsziel erreicht. Wir haben alle ein viel zu starkes Bedürfnis einzuwirken, etwas am Pferd zu machen statt an uns selbst – sowohl beim Longieren als auch beim Reiten. Dadurch machen wir eine Synchronisierung der Bewegungen, die die Voraussetzung für die Arbeit mit dem Pferd ist, unmöglich. Was weiß ich, wenn ich das weiß?

Im Kapitel über die Trageerschöpfung war die Rede von **Rumpfrotation um eine Querachse im Rumpf**. Die „Echsenbewegung" war eine leichte Rotation um die Längsachse (zusätzlich zum horizontalen Schlängeln), die entsteht, wenn der Rumpf hilft, beim Laufen die kurzen Echsenbeine anzuheben. Die Echse, mit dem Bauch am Boden, ist der Inbegriff der Trageerschöpfung. Der nächste evolutionäre Entwicklungsschritt des trageerschöpften Reitpferdes wäre logischerweise die Bildung von Schuppen unter dem Bauch als Unterbodenschutz.... Scherzmodus Ende. Die Rumpfrotation um die Querachse bringt den Rumpf in die Position in der Tragekonstruktion der Vorhand (thorakale Muskel- und Faszienschlinge), die es der Vorhand erst ermöglicht zu tragen.

Wie also kann man dem Pferd helfen, den Rumpf vorwärts über die Vorderbeine zu rotieren? Kopf und Hals als Gegengewicht zum Rumpf können in der Dehnungshaltung einen gewissen Vorwärtszug ausüben. Wenn man sich die Balance ansieht, merkt man jedoch – hoffe ich – dass das nicht ausreicht, um die positive Rotation in der Bewegung (das ergibt eine vertikale Wellenbewegung) zu erhalten. Die fehlende Energie kommt aus der Hinterhand, die ihre Schubkraft so in die Brustwirbelsäule lenken muss, dass sie den Rumpf ausrichtet. Das hatte ich auf Seite 43 als „innere Schubkraft" bezeichnet. Diese Rumpfrotation ist eine unauffällige Bewegung, die mit jedem Abdrücken der Hinterhand ihren Impuls bekommt. Das Abdrücken muss so stark sein, dass der Rumpf sich nach vorwärts-aufwärts bewegt, bevor das vordere Stützbein in der Senkrechten ist. Schubkraft, Rumpfrotation, Dehnung und die Federkraft der Vorhand gehören zusammen, bilden einen Bewegungsablauf, der, wenn alles passt, aus dem Faszienkörper heraus stattfindet. Um dort hinzukommen, benötigt das Pferd **hilfreiche Bilder**:

- Das Pferd zieht mit Kopf und Hals seinen Bauch an Bändern (wie ein Sherpa seine Last) über den Widerrist nach vorne. Das hilft vorübergehend, damit die Lendenwirbelsäule und die Hinterhand so weit entlastet werden, dass sie anfangen können zu arbeiten. Zudem werden die Dornfortsätze der Brustwirbel auseinandergezogen.

- In der Hinterhand ist alle Konzentration auf die Ausrichtung des Schubes gerichtet.

- Das Pferd darf in den Rücken atmen, einen breiten Rücken machen.

- Der Schwerpunkt rollt wie eine Bowlingkugel von der tiefsten Stelle des Bauches nach vorne zwischen die Tragerippen. Dieses Bild ist vor allem für übergewichtige Pferde geeignet – die bitte im Laufe des Trainings *langsam* abgespeckt werden. Eine Schnelldiät ist für Pferde lebensgefährlich!

Diesen Bildern fehlt es noch an Energie. Die Dehnung, wenn das Pferd sie denn findet, ist ein erster Schritt in die richtige Richtung. Macht euch nichts draus, wenn die Schlaumeier entsetzt schreien: „Der läuft ja total auf der Vorhand!" Tut er. Darf er. Weil der Pferd, genau wie ihr, nicht mehr als drei Sachen gleichzeitig verändern kann. Hässliche-Entlein-Phasen dürfen sein! Wer Bewegungsmuster verändern will, muss zuerst die alten Muster auflösen und sie nach und nach durch neue ersetzen. Bis die neuen Bewegungen harmonisch, geschmeidig und ausbalanciert ausgeführt werden können, vergeht einige Zeit. Trainingszeit. Jeder, der in seinem Leben bereits ein Instrument spielen oder Tanzen gelernt oder sich vielleicht mit Kampfkunst befasst hat, hat eine Vorstellung davon, wie viele kleine Schritte nötig sind, wie viele Einzelheiten erfasst werden müssen, bis es einigermaßen rund läuft – bis man erahnen kann, wie es werden soll. Man muss in Monaten und Jahren rechnen, nicht in Stunden.

Lest euch die Infos auf den Seiten 133ff nochmal durch. Wir benötigen jetzt eine gute Vorstellung von den **Aufgaben und Möglichkeiten der Vorhand**, damit es weitergehen kann. An der Vorhand liegt es, ob das Pferd „auf der Vorhand" läuft oder nicht. Bei einem Pferd „auf der Vorhand" ist die Vorhand inaktiv, entweder muss sie das Gewicht ziehen, weil die Hinterhand ihren Job nicht macht, oder die zu starke Hinterhand drückt das Gewicht gegen oder auf die schwache, passive Vorhand. Die inaktive Vorhand schwingt und federt nicht, sie wirkt hölzern, und im günstigsten Fall schaukelt sie. Alles andere nennen wir der Einfachheit halber „übende Vorhand".

Die Vorhand muss das Gewicht aufnehmen und nach vorwärts-aufwärts bewegen. Das Pferd ist kein Zweibeiner, der das Gewicht auf der Hinterhand trägt *und* vorwärts bewegt. Der Vierbeiner setzt seine Gliedmaßen arbeitsteilig ein. Hinten schieben, vorne tragen. Die Frage ist, ob die Vorhand erträgt, schleppt, zieht, ausweicht – oder ob sie ihre Aufgabe im positiven Sinne als Herausforderung betrachtet und das Gewicht nach vorwärts-aufwärts federt. Anfangs wirkt dieses Federn eher wie ein Stemmen. Aber: Vorwärts-aufwärts. Mit zunehmender Kraft und Koordination wird ein schwungvolles Weiterreichen des Gewichtes entstehen, in dem die Vorderbeine gleichmäßig gemeinsam ihren Job machen.

Die **Ausweichbewegungen der Vorhand** bestehen zum einen darin, dass die Bugspitze vorwärts geschoben wird und das Buggelenk zusammenfällt. Der Winkel zwischen Schulterblatt und Oberarm schließt sich, der obere Bereich des

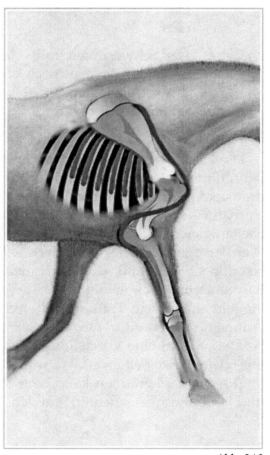

136

Abb. 040

Vorderbeins, einschließlich der Rumpfheber, hat die Arbeit eingestellt. Zum anderen tritt sich das Fesselgelenk zu weit durch und federt nicht mehr rechtzeitig aus dieser tiefen Position heraus.

Zum Vorderbein gehören auch das Schulterblatt und die **Rumpfheber**. Zum Vorderbein gehören auch das Schulterblatt und die Rumpfheber. Zum Vorderbein gehören auch das Schulterblatt und die Rumpfheber... Erst mit diesen Teilen kann die Vorhand biomechanisch korrekt arbeiten, und zwar ähnlich wie eine **Spatzenschleuder**. In der Phase des Abdrückens vom Boden wird das Gewicht über alle Gelenke und mit den Rumpfhebern nach vorwärts-aufwärts gefedert. Die Rumpfheber können nur arbeiten, wenn sie das Gewicht „zu packen kriegen". Was nicht funktioniert, solange die Bowlingkugel nach hinten unten zieht und der Schwung vorne gebremst wird. Klar soweit?

Die Schubkraft aus der Hinterhand, die Schwungkraft aus dem vorschwingenden Vorderbein und das Gewicht von Hals und Kopf bringen den Rumpf in die Position, aus der heraus die Spatzenschleuder funktioniert.

Im Trab sind die Zusammenhänge am besten zu erkennen und für das Pferd am leichtesten zu ergründen: Jetzt dürft ihr gemeinsam das Schlängeln, die Bowlingkugel und die Spatzenschleuder zusammenfügen. Wenn das klappt, sieht das Pferd schon ganz gut aus. Von der Seite. Leider ist es noch lange nicht gebogen gerade gerichtet. Vermutlich fängt es an, euch zu viel Gewicht in die Hand zu geben und vorwärts aus dem Zirkel zu ziehen.

Für das Pferd ist es jetzt an der Zeit, sich mit den Bewegungsphasen im Schlängeln zu befassen. Für die Menschen ebenfalls. Dazu muss man den **Unterschied zwischen Biegen und Wenden** kennen. Wer ihn kennt, schreibt ihn jetzt in die folgenden Zeilen. Aufschreiben. Jetzt. Bitte.

....

....

....

....

Erst weiter lesen, wenn ihr euren eigenen Text fertig geschrieben habt. Nicht schummeln, es ist wichtig, die eigene Vorstellung in Worte zu fassen.

Die Sache ist recht einfach. Gebogen ist ein Pferd, wenn seine Wirbelsäule *gefühlt* über die ganze Länge gleichmäßig gebogen ist. Unabhängig von der Marschrichtung. Ein Pferd wendet, wenn es mit der Vorhand voraus die bisherige Linie verlässt, egal ob gebogen oder ungebogen, und eine neue Richtung einschlägt. (Die Wendung um die Vorhand betrachte ich als Ausnahme, eher als „Beidrehen" denn als Wenden. Beim Wenden bleibt ein Schiff am Wind, beim Beidrehen geht es „aus dem Wind". Wind = Schubkraft. Universal Principles!)

Die Vorwärtsbewegung auf einer gebogenen Linie ist eine ständige Wendung im Gange. Die Wendung ist eine Funktion. Die Biegung beschreibt die Form, die das Pferd einnimmt. Oder auch nicht. Form follows function. Also muss unser Pferd zuerst lernen zu wenden (damit es uns nicht aus der Umlaufbahn schießt), bevor es sich in der Bewegung biegen (formen) kann. Diesen Text bitte mehrmals lesen, Zeichnung machen, den Unterschied im Vierfüßlerstand erfühlen. Ist wichtig, brauchen wir ständig! Das Biegen und das Wenden beginnen (gefühlt) im mittleren motorischen Zentrum, in dem die Schubkraft der Hinterbeine verwaltet wird. Im Schlängeln entsteht die Biegung, wenn die Außenseite des Rumpfes beginnt, sich zu dehnen. Das Wenden beginnt, wenn die Außenseite des Pferdes sich verkürzt.

In Unkenntnis dieses Unterschiedes zerren Millionen von Reitern an ihren Pferden herum, die ja gerne abwenden würden, wenn man sie denn ließe. Es braucht hier auch keine „verwahrenden" Hilfen, sondern wendende. Nochmal: Jede gebogene Linie ist eine Wendung im Gange. Es ist ein Trugschluss, dass ein Pferd „sich biegen muss" um auf dem Zirkel zu gehen, vor allem, wenn damit eine stärkere Biegung als die der Zirkellinie gemeint ist. Das Gehen auf einer Kreislinie erfordert vor allem die Fähigkeit zu wenden – egal, ob mit gebogener oder gerader Wirbelsäule. Ohne Wenden keine Richtungsänderung und ohne Richtungsänderung geht es geradeaus. Das Pferd muss auch nicht „seitwärts nach außen getrieben" werden, aber das hatten wir ja bereits. Der Trick der Westernreiter, das Pferd in Außenstellung mittels „Neckreining" auf den Zirkel drängen zu wollen, ist genauso überflüssig wie übertriebene Biegung. Einfach vorwärts wäre toll, und für das Pferd auch durchaus machbar.Die Grundbewegungen für Biegen und Wenden macht das Pferd ständig dadurch, dass es sich schlängelt. Am Menschen ist es jetzt, den richtigen Timingpunkt zu finden und eine passende Vorstellung zu entwickeln, damit Biegen und Wenden ganz unauffällig durch ihre Abstimmung aufeinander und auf die Bewegungsanforderung im Vorwärts auf die gewünschte Linie führen. Ganz unspektakulär. Für eine korrekte Wendung im Sinne der klassischen Dressur reicht das noch nicht, für das Bewegungslernen und Richtungsänderung im gegenseitigen Einvernehmen auf jeden Fall.

Sämtliche **Seitengänge** sind eine wunderbare Sache, wenn man mit ihnen arbeitet, *weil* das Pferd sich sicher und losgelassen in gleichmäßiger Anlehnung auf beiden Händen auf allen geraden und gebogenen Linien vorwärts bewegt und jetzt noch geschmeidiger werden kann. Sämtliche Seitengänge sind Quälerei, wenn man sie reitet, weil das Pferd sich *nicht* sicher und losgelassen in gleichmäßiger Anlehnung auf beiden Händen auf allen geraden und gebogenen Linien vorwärts bewegen kann.

Kein Pferd ist in seinen Bewegungen völlig symmetrisch, es hat immer eine Rumpfseite, die sich lieber dehnt, sich aber weniger gerne zusammenhält und eine Seite, die mehr Kraft hat, der Dehnung jedoch wenig Begeisterung entgegenbringt. Ganz im Gegensatz zu uns Menschen, die wir uns einbilden, einen Bewegungsablauf nach links und nach rechts „gleich" ausführen zu können. Deshalb können Reiter auch von ihren Pferden verlangen, sich ebenso symmetrisch durch die Bahnfiguren zu bewegen, wie sie oben drauf ihre Hilfen geben. Ha, ha. Selten so gelacht. Das Prusten und Wiehern der Pferdeahnen schallt durch die Jahrhunderte.

Sehr viele Reiter sind wirklich davon überzeugt, dass ihre Pferde schief sind und wollen absolut nicht wahrhaben, dass ihr Pferd auf Grund ihrer krausen Einwirkung keine Chance hat, auf dem Zirkel zu bleiben. Da braucht man Sporen, Ausbinder, Schlaufzügel, Insterburger.... Übrigens haben auch Besen, Schaufeln und Mistgabeln eine natürliche Schiefe. Wenn man sie anders herum, von links nach rechts statt von rechts nach links arbeiten lässt, klappt das meist wesentlich schlechter.

In den letzten Jahren habe ich viele Pferde über einen längeren Zeitraum regelmäßig an der Longe gearbeitet, und je jünger die Pferde sind, um so weniger schwierig ist es für sie, sich halbwegs gleichmäßig auf beiden Händen zu bewegen. Aber auch so alte Knaben wie Gonzo lernen ganz schnell, sich gut auszurichten, wenn man es ihnen zeigt. Wie kommt es also, dass ein Pferd ohne ReiterIn an der Longe immer hübsch die Spur hält, mit Reiter aber über die Schulter nach außen zieht – und das unter einem anderen Reiter ebenfalls tut, nur auf der anderen Hand? Schiefes Pferd, ja? Das Problem ist nicht die „**natürliche Schiefe**" des Pferdes, sondern die Schiefe im Sattel. Nicht *des* Sattels. *Im* Sattel.

Was nun? Das Pferd lernt zuerst, sich funktional auszurichten. Das hat noch nichts mit Biegen zu tun, sondern damit, dass das Pferd lernt zu wenden, damit es nicht der Fliehkraft zum Opfer fällt. Kommt es auf einer Hand zu weit herein, muss es lernen, sich seiner Schubkraft energischer zu bedienen und diese in den Körper zu richten und nicht in den inneren Hüfthöcker. Alle Pferdebeine müssen zusammenarbeiten, um den Körper in der Spur zu halten. Da das Pferd anfangs noch nicht über ausgeprägte Geschmeidigkeit im Rumpf verfügt – viele sprechen dem Pferd diese Beweglichkeit der Einfachheit halber ganz ab – kann es sich noch nicht gleichmäßig schlängeln (womit eine Kombination aus den drei Bewegungsrichtungen der Wirbelsäule in Verbindung mit der Bewegung der Gliedmaße gemeint ist) und demzufolge auch nicht gleichmäßig biegen. Egal, welche Hilfen und Hilfsmittel man einsetzt.

Der einzige Weg, den Körper geschmeidig zu machen, liegt in Bewegungsabfolgen angemessenen Schwierigkeitsgrades. Der Körper muss lernen können. Weiß ich, weil ich auch mal einen Besenstiel statt einer Brustwirbelsäule hatte. Jetzt bin ich sehr beweglich, es tut nichts weh, und ich betrachte viele Anforderungen, vor denen ich vor ein paar Jahren noch zurückgeschreckt wäre, ganz entspannt als interessante Herausforderung.

Wie also kann der Pferdekörper an der Longe lernen, sich so zu bewegen, dass es aussieht, als sei er gleichmäßig gebogen? Indem er **Schlängel- und Rotationsspielräume** erforscht und seine Möglichkeiten zunächst erkennt und dann erweitert. Im Selbstversuch könnt ihr mit Seitbeugen arbeiten:

Versuchsaufbau 1: Ihr legt euch auf den Boden – auf den Bauch – und ein Partner setzt sich neben euch und zieht an eurem linken Ohr, während er euch links in die Rippen tritt. Dann die andere Seite. Ist der Partner ebenfalls Reiter, ist er auch noch dran. Täglich auf jeder Seite hundert Mal.

Versuchsaufbau 2: Ihr legt euch auf den Boden – auf den Bauch – und ein Partner stellt sich über euch und zieht an eurem linken Ohr, während er euch rechts in die Rippen tritt. Dann die andere Seite. Ist der Partner ebenfalls Reiter, ist er auch noch dran. Täglich auf jeder Seite hundert Mal.

Versuchsaufbau 3: Ihr stellt euch, die Füße schulterbreit auseinander, gerade hin, hebt die Arme senkrecht nach oben und lasst euch auf eigene Verantwortung in die Seitbeuge fallen, indem ihr den Rumpf auf einer Seite verkürzt und die Schwerkraft den Rest erledigen lasst. Täglich auf jeder Seite hundert Mal.

Versuchsaufbau 4: Wie 3, nur dass ihr euch streckt und die äußere Körperseite aktiv dehnt, bis es leicht in der Muskulatur zieht, anstatt die innere zu verkürzen. Dann federt ihr zurück in die Senkrechte und dehnt euch in die andere Richtung. Zurück federn in die Senkrechte und so weiter. Das Becken bleibt gerade. Im nächsten Training könnt ihr den Rumpf in der Seitbeuge auch leicht um die Längsachse rotieren lassen. Das macht ihr genau so lange, wie es euch gelingt, euch *federnd* aufzurichten. Dreimal pro Woche.

Und, welche Variation macht am meisten Spaß? In welcher Variation lernt der Körper etwas? Bei welcher Übung lernt der Körper Eigenverantwortung? Welche Übung fühlt sich gut an?

Ein nicht ausgebundenes Pferd, das versucht, seine Schubkraft in die Körpermitte auszurichten, das seine Vorhand nutzen kann und an den Kappzaum zieht, fängt, wenn es vom Menschen ein passendes Bild bekommt, an, die Dehnung und Verkürzung seiner Rumpfseiten zu intensivieren. Es fängt an, damit zu spielen. Manchmal kommt Blödsinn dabei heraus, aber das macht nichts. Der „Blödsinn" ist in einer anderen Situation vielleicht hilfreich und der Körper lernt am besten, wenn er viele sich ähnliche, aber nicht gleiche Bewegungen macht. Der Lernprozess wird durch Variationen vertieft. Veränderung in schwungvoller Bewegung fällt dem Pferd leichter, als die statische menschliche Vorstellung von Biegung nachzuvollziehen. Das Pferd muss sich auf der Zirkellinie ständig neu finden, ein lebendiger und kreativer Prozess. Versucht, den Zirkel wie ein Pferd zu sehen und zu fühlen. Fühlt den Unterschied: Wie es ist, eine starre Masse zu formen – und wie es ist, einen Energiefluss zu lenken. *Fühlt* den Unterschied zwischen Form und Funktion!

Mit den beiden Bildern von Falco könnte ich ein halbes „**Guckseminar**" bestreiten. Diese Seminare sind entstanden, weil mehrere ReitschülerInnen festgestellt haben, sie müssten sehen üben, um die Zusammenhänge zu verstehen. Was also gibt es hier zu sehen?

Zum einen diese roten Linien. Die zeigen als Bezugslinien, welche Distanz Falcos Trabtritt zwischen den beiden Bildern zurückgelegt hat.

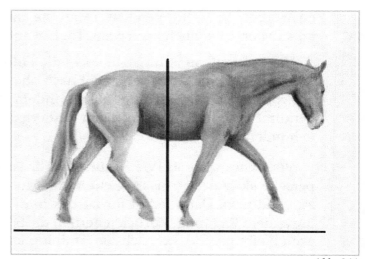

Abb. 041

Im Originalfoto war ein Pfosten der Longierhalle der Maßstab. Des weiteren sieht man, wie stark das Pferd die äußere Rumpfseite im Wechsel dehnt und verkürzt und dass der Kopf in die Bewegungsrichtung zieht. Die Vorderbeine wirken, als würden sie von Kopf und Hals gezogen. Was den Tatsachen entspricht, denn der Kopf-Hals-Armmuskel hat genau diese Aufgabe, der er nur in zwangloser Haltung nachkommen kann. Die Längsbiegung erkennt man daran, dass man den Schädel leicht von hinten betrachtet, die Hinterhand jedoch nicht.

Was sieht man alles nicht? Dass Falco inzwischen nicht mehr die Nase zur Brust zieht, wenn man ihn treibt. Der Schub geht gleichmäßig bis zur Nase durch. Dass er sich mit den Vorderbeinen nicht mehr zur Seite hin abstützt. Dass im Gegensatz zu früher die Vorhand gewachsen ist und die Hinterhand gut durchschwingen kann. Dass er gemeinsam mit seinem Menschen in den letzten Jahren enorm viel gelernt hat.

Es ist meistens die **Verstärkung der natürlichen Schiefe durch den Menschen**, die diese erst sichtbar macht. Die „biegenden Hilfen" bzw. Hilfsmittel werden verkürzend eingesetzt, bevor das Pferd sich eine hinreichend stabile Dehnungshaltung und Balance in seiner vollständigen Bewegung erarbeitet hat.

Sobald rückwärts gearbeitet wird, fallen die Hinterfüße aus, weil sie jetzt, wo die Schubkraft nicht mehr durchkommt, seitlich zu stützen versuchen. Das ganze Pferd kommt in einen negativen Bewegungsablauf, weil die Hilfengebung nicht konstruktiv und kooperativ ist.

Abb. 042

Für eine konstruktive Hilfengebung benötigt man eine genaue Vorstellung von den Bewegungsabläufen und den Möglichkeiten, eine präzise Wahrnehmung und ein gutes **Timing**. Letzteres kann man, obwohl es hilfreich ist, die Zusammenhänge intellektuell ergründet zu haben, nicht mit dem Verstand „machen". Timing gibt es nur in der Gegenwärtigkeit, im Augenblick, in der Achtsamkeit. Echtes Timing kommt aus dem Faszienkörper und beim Reiten aus der Verbindung der Faszienkörper von Mensch und Pferd.

Nur wer den Rhythmus der Bewegung in sich aufnimmt und die Bewegung innerlich weitergehen lassen kann, findet immer wieder zum Pferd zurück. Timing funktioniert nur *mit* dem Pferd und *mit* der Bewegung! Am sichersten sabotiert man das Timing durch Bewertung der Situation und nachträgliche Korrekturen für bereits Vegangenes.

143

Timingfehler des Menschen führen zu Widersetzlichkeit, Taktfehlern und Verspannungen beim Pferd.

Beim Longieren haben wir alle Zeit der Welt, in die Bewegungen des Pferdes einzutauchen, sie zu erspüren. Man kann sich lange mit den Fuß- und Phasenfolgen in den verschiedenen Gangarten befassen, denn die Übergänge werden erst dann geschmeidig, wenn man sie lange genug stressfrei geübt hat. Saubere Übergänge fordern Geschicklichkeit und Konzentration von allen Beteiligten.

Das gilt vor allem für die Übergänge zum und vom Galopp, die bei vielen Reitern und Pferden ein gewisses Krisenpotenzial haben. Aber: Eine Krise ist ein äußerst kreativer Zustand, wenn man ihr den Beigeschmack der Katastrophe nehmen kann.

Abb. 044

Der Galopp ist ein Dreitakt in sechs Phasen. Das innere Beinpaar greift weiter vor als das äußere. Der Galopp beginnt mit einer Einbeinstütze hinten außen, es kommt das diagonale Beinpaar hinten innen - vorne außen dazu, das äußere Hinterbein verlässt den Boden, das innere Vorderbein setzt auf, die diagonale Zweibeinstütze fußt ab, das innere Vorderbein fußt ab, mit etwas Glück kommt hier die Schwebephase. Nein, das sind keine sieben Phasen, da die sechste Phase, das Abfußen des inneren Vorderbeins, bereits die Schwebephase beinhaltet.

Der Galopp bringt auch die Stunde der Wahrheit, denn nur ein aus freien Bewegungen erarbeiteter Galopp ist in seinen Bewegungsphasen vollständig

144

und lässt sich in seinen Tempi stufenlos verschieben. Auch hier gilt: Zuerst muss das Pferd die Bewegungen in der Dehnung lernen, bevor es sich aufrichten und versammeln kann. Viele Pferde haben zu wenig Schwung, um vom Boden wegzukommen, das äußere Hinterbein fußt auf, bevor das innere Vorderbein den Boden verlässt. Lässt sich das nicht durch schwungvolle Galopparbeit auf großen Linien und vor allem im Gelände leicht bergauf korrigieren, sollte man von versammelnder Galopparbeit bis auf weiteres Abstand nehmen.

Weitere Varianten sind der Passgalopp, in dem das äußere Vorderbein vor dem inneren Hinterbein aufsetzt und der Vierschlaggalopp, wenn die Reihenfolge hinten-außen, hinten-innen, vorne-außen und vorne-innen ist. Diese seien hier nur der Vollständigkeit halber erwähnt, damit ihr wisst, dass es sie gibt.

Auch im Galopp beginnt die Bewegung im Rumpf, zu der sich verschiebenden Schlängelbewegung wird die Rotation um die Querachse deutlicher. Die extreme Variante dieser Rotation findet sich im Buckeln wieder – dann macht sich das Pferd „den Rücken frei" - hier kann man sehr gut sehen, wie sich der Rumpf über den Vorderbeinen verändert und wie viel Bewegung plötzlich im Lumbosakralgelenk stattfindet - wenn man das Glück hat, am Zaun zu stehen und nicht im Sattel sitzt. Kräftiges **Buckeln** auf der Weide, auf dem Paddock oder an der Longe ist ein gutes Zeichen, das darauf hinweist, dass im Pferderumpf noch Leben ist. Und es entlastet den Osteopathen. Ich freue mich immer, wenn im Grunde nicht sehr bewegungsstarke oder aus der Trageerschöpfung kommende Pferde es endlich schaffen, auf dem Zirkel ohne Balanceprobleme kräftig zu buckeln. Unter dem Sattel ist es entweder frech oder Notwehr, Ferndiagnose nicht möglich, da Aussage gegen Aussage steht.

Richtlinien

Das gezeichnete Pferd (Phasen im Galopp) in den FN-Richtlinien Bd.1, 2012, Seite 122, zeigt leider einen Schenkelgänger, dessen Rücken sich in der Galoppbewegung nicht aufwölbt und dessen Vorhand die Körpermasse ziehen muss, anstatt das Gewicht biomechanisch sinnvoll aufzunehmen. Das Pferd kommt mit der Kruppe hoch, anstatt mit der Vorhand, der Rücken

145

wird in den Phasen drei bis fünf hohl, anstatt sich aufzuwölben. In Phase sechs, der Schwebephase, sieht man, wie sich die Hinterhand krampfhaft unter den Rumpf zu ziehen sucht. Das Problem ist: Nach diesen Bildern wird geritten. So läuft das deutsche Warmblut im Reitverein. Dazu der Text des Reitlehrers: „Setz` dich rein, drück ihn hinten runter, halt ihn zusammen, etc." Leider geht das Reitergewicht so nicht auf die großen Gelenke der Hinterhand, sondern auf die Wirbelsäule, und das Pferd hat keine Chance, Vor- oder Hinterhand korrekt einzusetzen. Eine von mir beobachtete Situation dieser Art wurde getoppt von der Bemerkung der Reitlehrerin, das (nach eineinhalb Stunden Quälerei hinter Senkrechten ziemlich verzweifelte) Warmblut sei „etwas behindert". Tijani dagegen, auf Seite 144, hat es im zwanglosen Galopp überhaupt nicht nötig, die Hinterbeine an den Bauch zu ziehen – er hat durch seinen Schwung genügend Bodenfreiheit.

Ganz grundsätzlich: Pferd und Reiter müssen in allen Gangarten in freier, vollständiger Bewegung arbeiten können, bevor man den Begriff „Versammlung" auch nur denkt. Für den Galopp bedeutet das, dass die Rumpfbewegung alle Phasen von Streckung bis Beugung durchlaufen muss, dass auch hier der Schub aus der Hinterhand es dem Pferd erst ermöglicht, die Vorhand auszurichten. Dass nur eine Last aufnehmende Vorhand es der Hinterhand erlaubt, durchzuschwingen in eine Position, aus der heraus die Schubkraft der Hinterhand in den Schwerpunkt gerichtet werden kann. Es dauert einige Zeit, bis ein Pferd im Galopp – vor allem auf begrenztem Raum – so sicher ist, dass es Richtung und Geschwindigkeit gelassen bestimmen kann, ohne sich durch die Flieh- und Schwungkräfte in seiner Bewegung stören zu lassen. Bis dahin lässt sich *unter dem Reiter* der Galopp auf langen Strecken im Gelände in ruhigem Tempo am sinnvollsten trainieren. Vorteilhaft ist ein Gelände, in dem man gar nicht erst ans Bremsen denken muss.

> *„Man glaube ja nicht, diesen Widerstand (der großen Gelenke der Hinterhand) durch physische Kraft überwinden zu können, denn der Reiter kann wohl durch rohe Gewaltmittel den Rücken des Pferdes durchbiegen, auch wohl die Sprung- und Fesselgelenke zerbrechen, aber nicht die Hankengelenke biegen."*
>
> *Steinbrecht, Das Gymnasium des Pferdes*

146

Es kann nie darum gehen, Haltungen zu erzwingen, wir müssen gemeinsam mit den Pferden im Rahmen unserer Möglichkeiten Bewegungsvielfalt und Bewegungskompetenz erarbeiten. Gemeinsame gesunde Bewegung sollte im Vordergrund der Bemühungen stehen, und genau so, wie die wenigsten Menschen die Veranlagung und Neigung haben, einen Hochleistungssportler aus sich zu machen, haben die wenigsten Pferde von sich aus diese Ambition – und vor allem haben die wenigsten Pferde einen Menschen, der in der Lage ist, sie auf diesem Weg so zu fördern, dass sie keinen Schaden nehmen.

Die Rumpfbewegung des Pferdes im Galopp kann ein Mensch am ehesten beim Holz Hacken oder beim Schwimmen im Schmetterlingsstil nachvollziehen. Nur – wer von euch hat eins von beidem schon mal gemacht? So richtig? Vielleicht sollten wir zuerst verschiedene **Verknüpfungen** auflösen: Galopp ist nicht zwangsläufig schneller als Trab, sondern vor allem anders. Ein anderer Rhythmus, eine andere Phasenfolge. Der Mensch muss den Galopp nicht „machen", der ist im Pferd schon drin, er muss nur eine gute Vorlage erarbeiten. Vom Bremsen bekommt man keinen guten Galopp – vom übertriebenen Treiben auch nicht.

Beim Longieren ist es wichtig, dass das Pferd zum einen im Trab bereits über eine gewisse Sicherheit auf der Kreislinie verfügt und dass Pferd und Mensch das Wenden verstanden haben. Das Angaloppieren auf dem Zirkel sollte beim zu tief kommenden Pferd mit der Idee „gesprungenes Wenden" geübt werden, das zu stark springende darf eher in den Galopp rollen. Die innere Schulter des Pferdes muss den Weg ins Vorwärts finden. Die äußere Begrenzung eines Round Pen ist anfangs hilfreich.

An der Kappzaumlonge kann man mit dem Bild arbeiten, dass das Pferd den Kappzaum vor sich herschiebt. Dass es sich mit dem Vorderbein strecken muss, um den Boden zu erreichen. Dass das Heranschwingen der Hinterhand in der natürlichen Balance kein Kraftakt der Bauch- und Beckenmuskulatur ist, sondern sich aus Rumpf- und Vorhandmechanik und Faszientätigkeit ergibt. Die Geschmeidigkeit der Bewegung entsteht aus dem Rumpf, und so lange der Rumpf unorganisiert ist, benötigt das Pferd den Hals als Balancierstange und den Kopf als Ausgleichsgewicht. Später wird der Kopf zum Richtungs- und Schwunggeber, *nach dem sich alle anderen Körperteile ausrichten.*

Überlegt euch, wie sich die Aktion im Pferdekörper verändert, wenn das Pferd wirklich mit allen Teilen darauf hinarbeitet, seinem Kopf zu folgen, anstatt sich von der Longe verbiegen zu lassen und mit den Gliedmaßen den schief gezogenen Hals auszugleichen.

Zu Anfang geht es nur um das **Angaloppieren**. Stressfrei. Und wenn es nur ein oder zwei Sprünge sind. Das Pferd kann zunächst weder auf Druck noch auf den Punkt angaloppieren. Wenn die Vorbereitung gut war, reicht es, dem Pferd ein Zeitfenster zur Verfügung zu stellen, in dem es den besten Moment zum Angaloppieren selbst finden kann. Mit etwas Übung und Routine springt das Pferd immer prompter an und benötigt immer weniger Zeit, um sich nach einem Galoppversuch wieder zu ordnen. Diese Zeit muss man dem Pferd gönnen, auch wenn es mehrere Runden dauert, das Gleichgewicht wiederzufinden. Denn unsere Aufgabe ist es, die perfekte Vorlage für den Galopp zu liefern und dazu gehören physische und psychische Balance.

Es gibt Pferde, die Galopp und Hektik, oft auch Panik, durch frühere Ausbildungsfehler so fest miteinander verknüpft haben, dass man zunächst nur einmal pro Trainingseinheit angaloppieren kann und den Rest der Zeit damit beschäftigt ist, dem Pferd klarzumachen, dass man jetzt etwas ganz anderes übt, Schritt-Trab-Übergänge beispielsweise. Für diese Pferde bitte nochmal zurück zu den Begriffen Dissoziation, Zeit und Üben.

Je schneller das Pferd seine Gelassenheit wiederfindet, um so öfter kann man es anspringen lassen. Sobald drei bis vier Galoppsprünge hintereinander möglich sind, kann man die Hilfe zum Angaloppieren alle paar Sprünge wiederholen und so die Galoppsequenzen nach und nach verlängern. Gerade beim Galopp kommt es darauf an, beim Pferd die Verbindung von Kraft, Koordination und Gelassenheit zu fördern und alles, was mit Stress, Flucht, Kontrolle und Hektik zu tun hat, zu vermeiden. Gelassenheit fängt im Menschen an. In Kopf und Körper. Wer Probleme mit dem Galopp hat, sollte den Versuchsaufbau so einfach wie möglich wählen: Round Pen, genügend Zeit für Pferd und Mensch, um wieder zur Ruhe zu kommen, griffiger Boden, ein ruhiges Zeitfenster am Stall. Explodierende Pferde kann man vorher ausgiebig im Trab arbeiten, eher kraftlose Pferde mit einer guten Schrittphase und einer kurzen, knackigen Trabphase vorglühen.

Die **Asymmetrie** der Bewegung im Galopp verleitet dazu, die Pferdebeine ungleich zu belasten. Sowohl unter dem Sattel als auch an der Longe. Eine gute Hilfe ist es, sich vorzustellen, dass jedes der Beine seinen Anteil an der Gesamtbewegung des Körpers auf der Zirkellinie leisten muss. Und zwar sowohl was die Kraft betrifft als auch bezüglich der Richtung. Dann spürt und sieht man, dass jedes Bein darauf angewiesen ist, von seinen Kollegen die Körpermasse korrekt zugespielt zu bekommen. Die Konzentration verweilt immer für ein paar Galoppsprünge bei einem Bein und dessen Funktion und wandert dann weiter.

Klappt das? Dann kann man den Bogen der Aufmerksamkeit weiterspannen und sich klar machen, dass das jeweilige Beinpaar der diagonalen Zweibeinstütze gemeinsam für die Ausrichtung der Bewegung entlang der gewünschten Linie zuständig ist. Das, was das Hinterbein anschiebt, muss vom Vorderbein weiterbefördert werden. Desgleichen kann man den Bogen der Aufmerksamkeit vom äußeren Hinterfuß zum inneren Vorderbein spannen. Die Wirbelsäule muss von dem jeweiligen Beinpaar auf der Zirkellinie vorwärts bewegt werden, ohne verbogen zu werden. Wenn ihr jetzt durcheinanderkommt, befindet ihr euch sicher in guter Gesellschaft und malt euch einfach die Fuß- und Phasenfolgen auf einen Zettel. Dann galoppiert ihr ganz langsam mit Zettel in der Hand durchs Wohnzimmer. Oder durch den Garten, wenn die Nachbarn so belastbar sind.

Damit hätten wir die drei Grundgangarten durch. Wenn das Pferd an der Longe in allen drei Gangarten auf beiden Händen sicher und in gleichmäßiger Anlehnung läuft, kann man – je nach Trainingsabsicht – **das Ganze mit ReiterIn** üben. Zunächst immer nur für ein paar Minuten, damit das Pferd genügend Kraft hat, das Richtige zu üben, denn sobald es ermüdet, kommt es in negative Bewegungsabläufe und übt dann das Falsche. Man übt, was man übt, und das Pferd lernt Falsches ebenso schnell wie Erwünschtes. Die Übungsaufgabe für das Pferd lautet vorerst: „Tragen". Und nicht: „Auf Hilfen reagieren".

Eine andere Möglichkeit besteht darin, die Anforderungen ohne ReiterIn durch häufigere Handwechsel, Veränderung des Zirkelradius und Übergänge zwischen den Gangarten zu steigern und an der **Gewandtheit** zu arbeiten. Die Übergänge verlangen vom Pferd, sich seiner Möglichkeiten bewusster zu werden und trainieren die eingebauten äußeren Stabilisatoren und die präzisere Ausrichtung von Schub und Schwung. Da das Pferd ohne Ausbinder keine äußere Anlehnung findet, lernt es, sich selbständig zu seiner Nase hin auszubalancieren. Auch Leichtfüßigkeit gehört in diese Übungsreihen. Grundsätzlich gibt es Elfen und Zwölfen, aber jedes Pferd kann sich leichter und leiser bewegen, wenn wir es dazu animieren.

Je leichter eine Übung dem Pferd fällt, um so leichtfüßiger kann es diese ausführen. Pferde, die Löcher in den Boden hauen, sind unausbalanciert und/oder überfordert. Sie kompensieren Balanceprobleme, indem sie sich am Boden abstützen. Das abstützende Bein ist das Ausfallende, aber es ist nicht das Problem. Das Problem findet sich in der Ausrichtung der Schub- und Schwungkraft der anderen Beine! Der Selbstversuch dazu: Geht auf einer Linie geradeaus. Dann drückt ihr euch mit dem rechten Bein nach vorwärts links ab. Um den Körper über der Linie zu halten, muss das linke Bein diese Bewegung abfangen und zurück auf die Linie richten. Dazu muss es einen Ausfallschritt nach links machen, es ist also nicht schwächer, sondern es kompensiert die Aktion des rechten Beines.

Wer bereits über ein gutes reiterliches Gefühl verfügt, kann sich mit den leichten Tempounterschieden, dem Abfangen der Bewegung und der Umwandlung von Schub in Schwung befassen. Wenn man das Pferd mit etwas Gefühl abfängt, kann man sich vorstellen, das an einem Außenzügel zu tun und dessen Wirkung entweder gegen den äußeren Hinterfuß richten oder damit die äußere Schulter des Pferdes stabilisieren. Der deutlichste Beweis dafür, dass das funktioniert ist der, dass viele Pferde beim ersten Versuch einfach geradegerichtet durchparieren, obwohl sie ja nach menschlichem Verständnis auf Grund der physikalischen Wirkung der Longe entweder den Kopf hereinstellen oder abwenden müssten. Das Longieren eines gleichmäßigen Quadrates statt eines Zirkels ist ebenfalls eine anspruchsvolle Übung, zum einen, was die jeweilige Position und Ausrichtung der Longenführerin angeht, zum anderen bezüglich des Timings zwischen Biegen,

Wenden und Geraderichten. Der gedachte äußere Zügel und der Einfluss auf die äußere Körperseite des Pferdes lassen sich hier hervorragend üben.

Viele Reitschüler sehen, wie ein Pferd sich verändert und fragen, wie ich das mache, haben aber leider große Probleme mit der Antwort, die da lautet: „Ich stelle es mir vor." Ich habe ein **Gesamtbewegungsgefühlsbild**, das das Pferd aufnehmen kann. Auch die Longenverbindung entwickelt sich nach diesem Gesamtbewegungsgefühlsbild, nicht nach starren Regeln.

In den Pferden erkenne ich, was ihre ReiterInnen sich vorstellen, sie spiegeln wider, was sich in den Menschenköpfen befindet. Eine Idee hat eine große Kraft, nur haben sich die für das Pferd negativen Bilder oft über Jahre oder sogar Jahrzehnte hinweg ausgebildet und sind meistens nicht bereit, ihren Platz widerstandsfrei zu räumen. Die erste große Hürde, wenn man an der Arbeit mit seinem Pferd etwas ändern möchte, ist der Stapel von Glaubenssätzen im eigenen Kopf, und ich habe großen Respekt vor Menschen, die sich dafür entscheiden, dieses Longieren zu lernen, ohne wirklich nachvollziehen zu können, was dabei überhaupt passiert. Der hauptsächliche Anreiz dabei zu bleiben ist der, dass es ja offensichtlich funktioniert, und dass man herausfinden möchte, wie es denn gehen soll (aus dem Grund habe ich vor einigen Jahren eine Ausbildung zur spirituellen Heilerin gemacht). Die größte Versuchung ist, den Lernprozess abzukürzen. Durch Hilfsmittel, Techniken, „Tricks". Der häufigste Grund für diese **Abkürzungen** ist der, dass der natürliche Lernprozess zu lange dauert. Es folgt eine Sammlung der kuriosesten Aussagen:

- Die Besitzerin eines fünfjährigen, bereits zügellahmen Trakehners mit falschem Knick: „Ja, natürlich habe ich Zeit. Das Pferd bekommt so viel Zeit, wie es braucht. Aber, meinst du, wir schaffen nächstes Jahr eine E-Dressur?"
- Eine Jugendliche mit einem recht schweren, bereits etwas trageerschöpften Pony, das sie nur mit Mühe überhaupt auf dem Zirkel reiten konnte: „Ich reite jetzt mit Hilfszügeln, weil ich Turnier reiten will. Dann ist das viel einfacher."
 - Die Besitzerin eines jungen, sehr schlaksigen Ponies nach etwa acht Trainingseinheiten: „Am Anfang hat sich ja viel getan, aber jetzt geht es irgendwie nicht weiter."

Wer möchte, kann das Kapitel über „Zeit", Seite 24, nochmal lesen. Und das über die Grundausbildung, Seite 25.

Wir alle haben irgendwann irgendwie laufen gelernt. Wir sind auf die Nase gefallen, auf den Hintern gedotzt, je nach Tagesverfassung klappte es mal besser, mal schlechter. Eine Zeit lang waren Bordsteine die bösartigsten Gegner, dann war es die lange Treppe zum Kindergarten. Später waren die anderen flinker oder wendiger und schneller auf dem Baum. Oder man selbst war einsam, aber schneller. Egal, weitermachen. Barfuß über eine von Wildschweinen durchpflügte Streuobstwiese rennen war eine reife Leistung. Wenn man sich Kinder und Jungtiere anschaut, merkt man: Die üben den ganzen Tag, was auch immer. „Einmal um die Küche ohne den Boden zu berühren" zum Beispiel. Und in den wenigsten Fällen ist es hilfreich, das Bewegungslernen durch Kommandos oder das Festbinden von Körperteilen beschleunigen zu wollen. Man kann nur Stall, Garten und Einrichtung durch Androhung drakonischer Strafmaßnahmen und klare Ausweisung von Bewegungszonen (Wald, Steppe, Bolzplatz) vor den Folgen der natürlichen Lernprozesse schützen.

Wenn ihr euch selbst zuhört und merkt, wie ihr sagt: „Ja, ich habe Zeit, aber das muss doch mal vorwärts gehen", sollten alle Alarmlampen angehen. Definiert genau, wie der nächste von euch gewünschte Schritt aussehen soll, überprüft, wo ihr gerade seid und ob die Basis stimmt. Dann fragt euch, was es braucht, um diesen Schritt machen zu können. In den seltensten Fällen ist es anderes Equipment, ein frischer Ausbilder, ein Hilfsmittel oder eine neue Technik. Meistens benötigt ihr nur eine sinnvolle Herangehensweise und eine Unterteilung des geplanten Lernschrittes in mehrere kleinere Schritte. Übt, am Üben Freude zu finden und den Erfolg als zufälliges Geschenk zu betrachten.

Kapitel IV

REITEN

Es freut mich, dass ihr es mit der Lektüre bis hierhin geschafft habt und gewillt seid, euch auch noch mit dem Reiten zu befassen. Wie bereits mehrfach erwähnt, liefere ich keine neue Reitweise, sondern versuche sowohl die Pferdeausbildung als auch das Reitenlernen auf seine Wurzeln zurückzuführen: das Bewegungslernen.

In meinem bisherigen Reiterleben habe ich mich meistens mit *den* Pferden abgegeben, die nach gängiger Vorstellung nicht funktionierten und war gezwungen herauszufinden, *warum* sie nicht funktionierten und welches die Techniken und Bewegungsvorstellungen der verschiedenen Reitweisen waren, die diesen Pferden geschadet hatten. Mit der Zeit habe ich mich immer weiter von Techniken und Hilfengebung gelöst und mich sehr gründlich damit befasst, wie mein eigener Körper unabhängig von diesen auf die Pferde wirkte. Wenn ich mir heute überlege, wie oft ich gehört habe, ein Pferd hätte „ein Kopfproblem", ein Pferd sei widersetzlich, es ließe sich nicht treiben, es ginge nicht am Zügel, es „wolle" einfach nicht – selbst im Nachhinein ist das noch gruselig. Niemand hat die angewandten Techniken oder die Art ihrer Anwendung in Frage gestellt. Niemand hat verstanden, dass das jeweilige Pferd auf die jeweilige Art und Weise nicht wie gewünscht reagieren *konnte*. Das, was auf einem gut ausgebildeten Pferd funktioniert, klappt auf einem trageerschöpften, kraftlosen, ungünstig gebauten oder unausbalancierten Pferd nicht. Die Reaktion der Pferde auf die Frustration, dass das Geforderte für sie nicht machbar ist, ist charakterabhängig und reicht von Resignation bis zu Panik und Zorn.

Das größte Problem für die meisten Pferde ist der Reiter: Sowohl durch sein Gewicht, wenn das Pferd nicht gelernt hat zu tragen, als auch durch seine Art, sich auf dem Pferd zu bewegen und seine Vorstellungen davon, wie ein Pferd zu funktionieren hat. Das alles hat leider nichts damit zu tun, ob ein Mensch sein Pferd liebt oder nicht, wie lang der Zügel ist und wie stark die Einwirkung.

Den größten Teil der zerstörerischen Bewegungsvorstellungen haben wir auf den vorangegangenen Seiten bereits entlarvt, die neuen Bilder haben hoffentlich neue Ideen gebracht, und jetzt bekommt auch der menschliche Körper seine Gelegenheit, das Gelernte in die Praxis umzusetzen.

Sobald der Körper sich bewegt, spricht er. **Körpersprache** bezieht sich nicht nur auf Positionen, die wir einnehmen, während wir uns unterhalten. Beim Reiten spricht der ganze Körper durch seine Bewegungen, seine Spannung, seine Durchlässigkeit, seine Zielgerichtetheit und vor allem durch seine Reaktionen auf die Bewegungen des Pferdekörpers. Die Harmonie, die man in der Einheit mit dem Pferd sucht, will im eigenen Körper gefunden werden. Diese vielschichtige Kommunikation zwischen Mensch und Pferd ist die eigentliche Herausforderung beim Reiten und der größte Schritt für ReiterInnen ist, diese Herausforderung fröhlich anzunehmen und sich demütig vom üblichen Leistungsdenken und Turnierzirkus zu verabschieden, um sich der eigenen Begrenztheit bewusst zu werden. Dann öffnet sich die Welt der Möglichkeiten, und alle erkannten Grenzen lassen sich nach und nach erweitern.

Ein gelegentliches Zurückblättern zur Biomechanik und den vielen anderen Themen schadet nicht.

Hat das Pferd gelernt, sich an der Longe gut zu bewegen, kann es mit Reitergewicht weiter üben, damit es mehr Kraft entwickelt und der Reiterkörper ebenfalls üben kann. Es ist egal, welche Reitlehre man aufschlägt, in jeder ist **die Forderung nach einem unabhängigen, geschmeidigen Sitz des Reiters** zu lesen. Leider geht es dann weiter mit der jeweiligen Hilfengebung, ohne sich in der gleichen Ausführlichkeit über die Entwicklung dieses Sitzes auszulassen. „Sitz" ist ohnehin ein zu statischer Begriff, der der Vielfalt der Bewegungen und Zusammenhänge beim Reiten nicht gerecht werden kann und eines der Wörter, zu denen meistens ein völlig unzureichendes „Gesamtbewegungsgefühlsbild" abgespeichert ist. Das, was der menschliche Körper beim Reiten tut, ist so komplex, dass es allein mit Worten nicht zu erfassen ist, und der Versuch, sich *den* Sitz zu erarbeiten, ist zum Scheitern verurteilt. Das Wesentliche muss vor der Versprachlichung erfasst werden, denn die Sprache geht am Wesen des Reitens vorbei. Was wir benennen, fixieren wir. Das Benannte wird statisch. Komplexe Bewegungsabläufe kann man nur immer wieder neu beschreiben, mit immer wieder anderen Worten, damit der Verstand dem Körper keine Krücken bauen kann. Wir müssen **Bewegungskompetenz** lehren und lernen, und das weit über die obligatorischen paar Sitzlongen zu Beginn der Reiterkarriere hinaus. Die Körperwahrnehmung muss geführt werden, um die SchülerInnen von den Äußerlichkeiten wie Schenkellage und Fußspitzen in ihren Körper zu bringen. Ich selbst hatte das Glück, als Kind eine eigene Versuchsreihe auf blanken Ponyrücken und Jungrindern durchführen zu können, bevor ich zu meiner ersten offiziellen Reitstunde antrat. Später gab mir eine Reihe von Berittpferden, die ich mangels Halle und Reitplatz in RoundPen und Gelände trainierte, die Gelegenheit, mich eingehend mit den Rückmeldungen der Pferde zu befassen. Die Versuchung, vor Publikum ein Pferd besser aussehen lassen zu wollen, als es seinem Ausbildungsstand entspricht, ist sehr groß und korrumpiert gute Vorsätze und Absichten schnell. Daher bin ich dankbar für die vielen ruhigen Stunden in Wald und Feld, auf Wiesen und auf Rettungshubschrauberlandeplätzen. Vor vielen Jahren hatte ich nach der Lektüre seines Buches einen bekannten FN-Ausbilder gefragt, ob er mir in zweihundert Kilometer Umkreis um meinen Wohnort einen Reitlehrer empfehlen könne, der in seinem Sinne unterrichtete. Die Antwort lautete „Nein", die seien alle durch den Turniersport korrumpiert. Im System der FN ist übrigens für Turnierabstinenzler mit der Qualifikation zum Trainer B Breitensport das Ende der Karriereleiter erreicht.

Was weiß ich, wenn ich das weiß?

Darüber, dass eine sinnvolle Hilfengebung nur aus einem korrekten Sitz erfolgen kann, ist die Reiterwelt sich einig. Das Problem der Pferde liegt darin, dass die wenigsten Reiter wirklich ein Gefühl für ihren eigenen Körper, geschweige denn den des Pferdes haben. Und dass die meisten ReitlehrerInnen ihre SchülerInnen nicht auf den Teppich holen, sondern an der Hilfengebung basteln, statt am Bewegungsgefühl. Vielleicht sollte man das „auf den Teppich holen" wörtlich nehmen und angehende ReiterInnen länger vom Boden aus lernen lassen.

Meine Erfahrung mit der Bewegungsschulung für Reiter und Pferd ist die, dass gerade ReiterInnen mit langjähriger (frustrierender) Reiterfahrung nach einem halben Jahr an der Longe völlig überrascht sind, wie leicht ihr

Pferd sich auf dem Platz lenken lässt, seit sie ihren eigenen Körper beherrschen und das Feedback des Pferdes für die eigene Verbesserung nutzen, statt es zu unterdrücken. Auch ehemalige Schulpferde, die völlig sauer waren und sich auf dem Reitplatz gar nicht mehr bewegten, ziehen vergnügt ihre Kreise, sobald sie mit ihren neuen Besitzern einig geworden sind.

Es kostet einige Überwindung, vom selbständigen Reiten für einen längeren Zeitraum an die Longe zurückzukehren, aber ich sehe darin die einzige Möglichkeit, grundlegende Sitz- und Einwirkungsprobleme zu beheben und negative Muster aufzulösen, die meistens dadurch entstehen, dass das Hauptaugenmerk in der Ausbildung zu früh auf Form und Einwirkung lag und nicht auf der motorischen Kompetenz. Die meisten Reiter reduzieren die Schwierigkeiten, die beim Reiten entstehen, auf Einwirkungs- und Gehorsamsprobleme und versuchen, diese zu lösen. Die Ursachen liegen jedoch tiefer, in der nicht vorhandenen Bewegungskompetenz der Beteiligten. Wessen Pferd trageerschöpft oder zügellahm ist, der hat ein grundlegendes Problem. Zumindest hat das Pferd eines. Und dieses Problem ist weder durch Hilfengebung noch durch Hilfsmittel oder „Dominanztraining" zu lösen. Und leider auch nicht durch richtiges Sitzen. Es geht um „sich bewegen", was den meisten ReiterInnen nicht klar ist, weil immer vom ruhigen Reitersitz die Rede ist. Ein schönes Beispiel ist das Balancieren auf einem Schwebebalken. Anfangs wackelt das. Und zwar ziemlich – das Ding ist nämlich ganz schön schmal und ganz schön hoch. Um das Gleichgewicht zu finden, müssen sich alle Teile des Körpers bewegen, und je präziser die Bewegungen aufeinander und auf die Aufgabe abgestimmt sind, um so ruhiger und sicherer wirkt der Balanceakt, weil die Ausgleichsbewegungen kleiner werden (Wenn das Ding Sie abwirft, geben Sie es in Beritt). Freihändiges Fahrradfahren ist ein ähnliches Beispiel. Schon mal versucht, beim freihändig Fahren „ganz ruhig" zu sitzen? Zu Risiken und Nebenwirkungen lesen Sie den Haftungsausschluss dieses Buches.

Jeder Reiter verbindet mit bestimmten Anweisungen oder Absichten ein bestimmtes Körpergefühl. Das bedeutet, dass bestimmte Begriffe dem Geist und dem Körper Fesseln anlegen. Deshalb ist es für mich wichtig, bei der Umprogrammierung nicht mit den gewohnten Fachbegriffen zu arbeiten, sondern möglichst genau zu beschreiben, was geschehen soll. Es liegen Welten zwischen einer halben Parade, die jemand ausführt, weil dieser Begriff benutzt wurde und dem, was passiert, wenn ich die einzelnen Schritte in freier Wortwahl beschreibe. Wenn ich hinterher frage, was das denn nun gewesen sein mag, was der Reiter da ausgeführt hat, kommen die wenigsten darauf, dass das eine halbe Parade war. Aha..!

Was weiß ich, wenn ich das weiß?

Wie beim Pferd geht es auch bei den ReiterInnen nicht um Endpositionen, um Schenkellage und Senkrechte, es geht darum, eine **Bewegungsaufgabe** zu erfüllen. Und die lautet für den Menschen: „Oben bleiben" - so, wie sie für das Pferd „Tragen" heißt. Und zwar oben bleiben, ohne das Pferd mit Händen und Füßen dazu zu zwingen, unter einem zu bleiben. Denn das Pferd tut, was der Longenführer ihm aufträgt. Und wenn es das mit Reiter auf dem Rücken plötzlich nicht mehr kann, muss der Reiter sich verändern und nicht das Pferd. Nein, keine Zügel. Ein Halsriemen ist in Ordnung, wenn er benutzt wird, um den Reiterkörper auszubalancieren. Sicheres Obenbleiben in allen Gangarten, in den Übergängen, in verschiedenen Sitzformen ist das Übungsziel. Und dann mit dem Pferd zur Einheit werden. Wenn ich als Longenführerin und Schiedsrichterin nichts mehr zu tun habe, ist der Zeitpunkt für Zügel gekommen.

Oh je! Da sind sie wieder, die alten Muster, von denen man dachte, man wäre sie los. Aber sie haben keine Chance mehr, denn der Körper weiß jetzt, was er ohne Zügel zu tun hatte, und nun muss er das auch mit Zügeln in den Händen hinbekommen. Aufmerksamkeit und Bewusstheit sind gefragt.

Zurück zum Anfang. Die ersten Runden an der Longe unter Reitergewicht finden ohnehin im Schritt statt, damit das Pferd Zeit hat herauszufinden, wie es sich unter Last bewegen muss. Um den alten Mustern die Kraft zu nehmen, ist es gut, das gewohnte Equipment wegzulassen. Kein Gebiss, kein Sattel. Für sehr viele ReiterInnen ist es eine echte Mutprobe, sich auf ihr ungesatteltes Pferd zu setzen, aber genau das bringt einen tollen Lerneffekt. Auf dem blanken Pferderücken muss der Körper sich aus seiner Mitte heraus organisieren und man spürt wesentlich genauer den Moment, in dem das Pferd die Zirkellinie nach innen oder außen verlässt – und wie plötzlich keines der Pferdebeine mehr tragen will. Die vier schieben sich gegenseitig den schwarzen Peter zu, während der Reiterhintern ins Rutschen kommt wie Butter auf der heißen Kartoffel und der Pferdehals zu einer an der Angel verendenden Seeschlange mutiert. Was ist passiert? Das Pferd hat es nicht geschafft, seine Schubkraft unter den Reiterhintern auszurichten, der gemeinsame Schwerpunkt ist aus der Tragekonstruktion der Vorhand gerutscht, das gesamte System ist zusammengebrochen. Vermutlich legt das Pferd jetzt auch noch die Ohren an, schlägt genervt mit dem Schweif und erklärt, dass es so nicht arbeiten könne.... Kann es auch nicht. Da hat es recht.

Zeit für den Schiedsrichtereinsatz der Longenführung. Zuerst ist den gegenseitigen **Schuldzuweisungen** zwischen Reiter und Pferd und gegebenenfalls der **Selbstkritik** des Reiters ein Ende zu setzen. Schluss. Ruhe! Der Reiterhintern muss wieder mittig über das Pferd, der Rest vom Menschen auch und das Pferd hat seine Schubkraft auszurichten, bis alle Teile ordnungsgemäß der Pferdenase folgen und der Reiter wieder auf dem Wellenkamm der Bewegung sitzen kann. Das Wesentliche an diesem Prozess ist, dass Pferd und Reiter gemeinsam eine Problemlösung aus ihren Körpern, ihren motorischen Zentren heraus erarbeiten, ohne dass der Reiter Hilfsmittel in die Hände bekommt. Das Pferd muss lernen, dass es in dieser Situation handlungsfähig bleibt, dass es seinem Reiter zu helfen hat, die Balance wiederzufinden. Die ReiterInnen müssen lernen, dass sie sich ohne Zügel mit dem Pferd gemeinsam ausbalancieren können. Der hier beschriebene Ablauf funktioniert nur, wenn das Pferd eine ausreichende Anzahl von Trainingseinheiten alleine absolviert hat, sich auf treibende Peitschenhilfe gelassen gerade richtet und ein gewisses Vertrauensverhältnis zwischen allen Beteiligten besteht. Es bringt nichts, mal eben eine Sitzschulung auf einem Pferd zu machen, das nicht gelernt hat, sich auf der Zirkellinie auszurichten, das nicht weiß, wie man übt. Auf einem solchen Pferd kann man nicht fühlen, wie es sein sollte und für das Pferd ist die Aufgabe mangels Vorarbeit nicht lösbar. Pferden geht es da wie uns auch: Es gibt wenig Frustrierenderes als eine nicht lösbare Aufgabe!

Man darf sich die Organisation des eigenen Körpers über dem sich bewegenden Pferd nicht als Einwirkung oder Hilfengebung vorstellen, weil die Aufmerksamkeit sich dann sofort von der eigenen Körperwahrnehmung verabschiedet. Es ist **Gewandtheits- und Balancetraining** für den menschlichen Körper, sonst nichts. Das Pferd spiegelt wider, wie erfolgreich man auf seinem Rücken ist, aber: Es ist ein Spiegel. Das Pferd hat, so lange es an der Longe hängt, seine eigene Bewegungsaufgabe zu üben, trotz Reiter. Man kann sich bis auf weiteres von dem Gedanken verabschieden, man könne dem Pferd „helfen". Das einzige, was hilft, ist ein Reiter in der Balance. Der zufriedene Gesichtsausdruck des Pferdes, wenn das, was es ohne Reiter gelernt hat, auch mit diesem auf seinem Rücken klappt, ist immer sehenswert, vor allem nach einer gelungenen gemeinsamen Korrektur. Es ist nicht wichtig, eine fehlerfreie Darbietung abzuliefern. Es ist wichtig, wieder ins Gleichgewicht zu kommen, auch wenn mal alles auseinandergefallen ist. Es ist wie in der Musik. Das Musikstück geht weiter, auch wenn der eine oder andere Musiker mal rauskommt oder Fehler macht. Das Wesentliche beim Zusammenspiel ist, dass alle wieder reinkommen und am Schluss alle da sind! Das kann nur gehen, wenn die Absicht auch genau darauf ausgerichtet ist. Jede Selbstkritik oder Kritik am Pferd bringt aus dem Fluss. Es gibt übrigens auch Pferde, die ständig bewerten, anstatt sich auf ihre Aufgabe zu konzentrieren, die sich richtig ärgern, wenn etwas nicht stimmt. Die übliche Diskussion lautet: „Das geht alles nicht, das ist doof, das funktioniert nicht..." „Weil du nicht tust, was ich dir beigebracht habe." „Ja, aber..." „!..." „Ach so. Tschuldigung." „Danke."

Ein **Nachschlag Biomechanik** für die unersättlichen und unerschrockenen Leserinnen und Leser:

Es gibt über das hinaus, was in den vorangegangenen Kapiteln des Buches steht, noch mehr zur Wirbelsäule des Pferdes und deren Abhängigkeit von hilfreichen Bewegungsabsichten zu wissen. Das Pferd hat zwei Möglichkeiten, sich zu biegen. Es kann sich mit gedehntem Hals und Rücken *zu etwas hin biegen.* Und es kann sich mit hohem Kopf und weggedrücktem Rücken *von etwas weg biegen.* Das Pferd kann an den Zügel und in die Bewegungsrichtung ziehen oder dem Reiterschenkel und Zügelzug weichen. Im ersten Fall neigen sich die Dornfortsätze der Brustwirbel nach innen und werden gleichzeitig von Kopf und Hals vorwärts gezogen. Auf diese Weise nimmt das Pferd seinen Reiter mit. Im zweiten Fall, wenn das Pferd sich verkürzend biegt, neigen sich die Dornfortsätze der Brustwirbelsäule nach außen, Sattel und Reiter werden nach außen aus der Bewegungsrichtung und aus der Kraftlinie des Pferdes geschoben. Im ersten Fall ist das Reiten auf dem Zirkel ein Kinderspiel, im zweiten ein einziger Krampf, weil das Pferd sich nicht zwanglos auf der gebogenen Linie bewegen *kann*.

Die nötige Dehnung misst man nicht in Zentimetern, man erkennt sie an der Funktionsfähigkeit des biomechanischen Gesamtsystems aus Reiter und Pferd. Kippen die Dornfortsätze nach außen, war die Dehnung in Umfang und Qualität nicht ausreichend. Punkt.

Sobald sich im Verlauf der Ausbildung der Pferdehals aufrichtet, zieht der Hals nicht mehr über seine ganze Länge vorwärts, sondern die Muskulatur und die Faszie zwischen Halsbasis (hinten) und Dornfortsätzen werden stärker. Dadurch hebt sich nicht nur der Hals von unten heraus, auch die Dehnung der Brustwirbelsäule und die Neigung der Dornfortsätze nach innen bleiben erhalten. Der obere Teil des Pferdehalses bleibt zwanglos im Vorwärts. Das Pferd zieht immer noch!

Was weiß ich, wenn ich das weiß?

Unter anderem, dass ich jetzt die biomechanische Begründung dafür kenne, dass man ins Nachgeben wenden sollte.

Was weißt du, wenn du das weißt?

....

....

....

....

Nach den ersten sattellosen Runden zu Erkenntniszwecken wird das Pferd für die Arbeit unter dem Reiter wieder gesattelt oder mit Reitpad versehen (es sei denn, es handelt sich um überzeugte BareBack-ReiterInnen, von denen ich inzwischen einige unterrichte). **Das Sattelthema** ist ein sehr schwieriges, das sich hier nicht in vollem Umfang erörtern lässt. Allerdings habe ich ein paar Erfahrungswerte aus der Praxis: Die Sättel, in denen ängstliche ReiterInnen sich so schön sicher fühlen können, behindern meistens die nötige Beweglichkeit, da dicke Pauschen, die den Oberschenkel in der vermeintlich korrekten Position halten und hohe Vorder- und Hinterzwiesel Variationen im Sitz nicht zulassen. Des Weiteren lässt sich auf ein trageerschöpftes Pferd ohnehin kein Sattel anpassen, da jeder Sattel, bedingt durch den tief zwischen den Schultern hängenden Brustkorb, an den Schultern drückt. Das Pferd muss erst wieder lernen, sich selbst in einen positiven Bewegungsablauf zu bringen, um dann das Gewicht des Sattels und später das Reitergewicht als Herausforderung zu betrachten, anstatt beides schicksalsergeben zu ertragen. Die Bewegungsvorstellung ändert sich nochmals tiefgreifend, wenn man sich klarmacht, dass das Pferd, um aktiv zu tragen, von unten seine Kraft gegen den Sattel und das Reitergewicht richten muss, und dass sich die Druckverhältnisse mit jeder Bewegung leicht verändern. Ein Sattel kann nicht dauerhaft flach und gleichmäßig auf einem sich bewegenden Rücken liegen. Das optimale Bild der Satteldruckmessung kann es nur auf einem toten Rücken geben. Man sollte sich mit dem Streben nach Perfektion also eher auf die gemeinsame Bewegung konzentrieren, als darauf, den perfekten Sattel zu finden und die zur Verfügung stehenden technischen Mittel darauf verwenden, Druckspitzen aufzuspüren und zu beseitigen. Man kann auch keinen Sattel zu hundert Prozent perfekt auf ein Pferd anpassen, das sich noch entwickeln soll, da ein zu genau sitzender Sattel keinen Raum für Muskelaufbau und Haltungsveränderungen bietet. So lange der Sattel nicht zu eng, zu lang, schief, hohl liegend oder zu hart gepolstert ist, ist er für die meisten Pferde das geringste Problem. Vorausgesetzt, die Farbe stimmt. Dass man einen zu engen Sattel mit einer dickeren Unterlage ebenso wenig passend machen kann, wie zu enge Wanderstiefel mit dicken Socken, versteht sich hoffentlich von selbst. Zum Glück kommt es langsam aus der Mode, immer engere Sättel mit immer höherer Kammer auf die athropierte Rückenmuskulatur von „Dressur"pferden anzupassen.

An dieser Stelle sollen noch einige **weitere „Saboteure" unter den reiterlichen Glaubenssätzen** Erwähnung finden: Steigbügellängen bewertet man nicht optisch nach dem Abstand der Bügel zum Boden, sondern indem man die Riemenlänge zwischen Bügeloberkante und Sattelblattunterkante rechts und links an der gleichen Stelle des Sattelblattes, am Besten an einer Naht, misst. Die wenigsten Reiter haben „unterschiedlich lange Beine". Meistens ist nur die Muskulatur ungleich entwickelt, und es ist wenig hilfreich, die Bügel unterschiedlich lang zu schnallen. Die Korrektur der Schiefe muss von der Körpermitte ausgehen. Bei den meisten Reitern sind die Steigbügel zu lang eingestellt, häufig in Kombination mit zu engen Dressursätteln oder mit Westernsätteln. Die dadurch entstehende Streckung blockiert die Hüftgelenke und verhindert, dass der Rumpf Bewegungskompetenz entwickelt. Hüft- und Kniegelenk benötigen eine gewisse Winkelung, damit das Bein sich am Pferd optimal bewegen kann. Entgegen der landläufigen Meinung muss der Sattelgurt nicht mit aller Kraft angezogen werden. Das gilt vor allem für ReiterInnen jenseits des Grundschulalters und die Gurte mit Stretcheinsatz.

Weiter in der Bewegung: Das Gefühl, wie es ist, wenn die Hinterhand die Schubkraft ausrichtet – und vor allem, wie es ist, wenn sie das nicht tut – ist inzwischen bei Pferd und Reiter so weit abgespeichert, dass beide auch im Trab danach suchen können. Auf dieser Suche werden Pferd und Reiter zu einem Team, denn das tolle Gefühl lässt sich nur gemeinsam erzeugen. Man kann es nicht festhalten, man muss es immer wieder neu finden. Es gibt kein Richtig und kein Falsch, es gibt nur „funktioniert" und „funktioniert nicht".

Die gesamten biomechanischen Zusammenhänge, das Wissen um das Faszienorgan, die eigene Gefühlswelt – alle bis hierhin behandelten Themen wollen in der Bewegung mit dem Pferd nochmals neu betrachtet werden. Die Perspektive ist eine andere, wenn man sich von oben ins Pferd hinein-fühlt und -denkt. Es gibt so vieles, was neu eingeordnet und erfahren sein will, dass man sich recht lange an der Longe oder – in Ermanglung eines Longenführers – im RoundPen beschäftigen kann.

Ein interessantes Phänomen ist, dass man dazu neigt, sowohl die Bewegung zu verlangsamen als auch zu diesem Zwecke den eigenen Schwerpunkt zurückzuverlagern, während man versucht, Abläufe und Zusammenhänge zu ergründen. Entweder kommt das Pferd dann aus der Balance, wird also schneller oder schräger, oder es pariert durch. Als erstes muss man demnach die **Wahrnehmungsebenen mit der Bewegungswirklichkeit synchronisieren**. Die meisten Reiter werden innerlich langsamer und bremsen, wenn etwas nicht geklappt hat. Oder wenn sie etwas vorhaben, wie beispielsweise einen Handwechsel, einen Übergang zu einer anderen Gangart oder ein Abwenden. Sie möchten in Zeitlupe weitermachen. Das geht auch, wenn man es schafft, den Film im Kopf langsamer werden zu lassen, ohne den Schwerpunkt zu verlagern. Der Körper muss sich weiter bewegen.

Auf den Merkzettel: Wahrnehmungsebenen und Bewegungswirklichkeit synchronisieren!

Es gibt eine Form von **Dissoziation**, die beim Lernen, und vor allem beim Bewegungslernen, hilfreich sein kann. Man begibt sich ein Stück weit aus dem eigenen Körper hinaus in eine Beobachterposition, die nicht zu verwechseln ist mit der des inneren Kritikers. Letzterer mäkelt an dem herum, was bereits Vergangenheit ist. Nicht hilfreich. Rausschmeißen. Ganz schnell. Der Beobachter von dem ich schreibe, ist der, der konstruktive, kurze Anweisungen für den Moment gibt. Und zwar völlig wertfrei! Er sieht nicht, er fühlt die Bewegung im eigenen Körper und in dem des Pferdes und verbindet das Gefühl mit dem Wissen. Er hilft dabei, Bewegungen zu spüren, Bewegungsrichtungen zu erkennen, und die theoretisch bereits erkannten biomechanischen Zusammenhänge unter und in sich zu fühlen. Das braucht Zeit. Trainingszeit.

Die Dissoziation wird dann gefährlich, wenn der Reiter regelrecht aus dieser Welt verschwindet und nicht mehr auf Ansprache reagiert. Dann befindet er sich in einer Fantasiewelt und ist nicht mehr mit der körperlichen Realität und seinem Pferd verbunden. Man erkennt den Unterschied an den Reaktionen des Pferdes, das unter einem negativ dissoziierenden Reiter zunehmend Stress aufbaut. Es gibt ReiterInnen, die „weg" sind, weil sie gerade so glücklich sind ebenso wie solche, die sich auf Grund von Angst und Stress aus der Wirklichkeit verabschieden. Die eine Variante ist so gefährlich wie die andere, weil man kein Gefühl mehr für das Pferd unter sich hat. Als TrainerIn muss man in dieser Situation den Reiter konsequent und bestimmt zurückholen. Als ReiterIn kann man sich fragen, ob man wirklich noch im Dialog mit dem Pferd ist. Wenn man keine Antwort bekommt, ist man das vermutlich nicht.

Die Kooperation mit dem Pferd beginnt im eigenen Körper. Leider ist die **Selbstwahrnehmung** anfangs sehr unscharf und verzerrt, man ist auf Rückmeldung von außen angewiesen. Das können die Hinweise eines Reitlehrers sein, von einem Zuschauer – der sieht recht genau, wenn man schief wird oder hinter die Bewegung kommt - oder man lässt sich filmen. Aus Erfahrung kann ich sagen, dass es kaum etwas gibt, das die reiterliche Entwicklung stärker beschleunigt als so ein grässliches Video. Man darf nur nicht in der Selbstkritik steckenbleiben, sondern muss sich klar machen, was man ändern will. Und das dann auch tun.

Das beste Feedback kommt immer vom Pferd!

Die motorische Koordination fängt in der Körpermitte an. Nicht an den Unterschenkeln, nicht an den Händen, auch nicht am Hintern. Rumpfstabilität und -beweglichkeit sind die Schlüssel zu einem geschmeidigen Sitz. Aus dem Rumpf heraus wird das Becken gesteuert und das Gewicht auf die Sitzfläche des Sattels und/oder die Steigbügel gebracht. Das Reitergewicht übt Druck auf das Pferd aus. Immer. Das liegt in der Natur der Sache und an Newton und seinem Apfel. Deshalb gibt es auch kein „natürliches" Reiten, sonst kämen Pferde mit Reiter auf dem Rücken zur Welt. Es gibt höchstens einvernehmliches Reiten, was ein Einvernehmen nicht nur auf der psychischen Ebene erfordert, sondern auch auf der Körperebene. Wer etwas tragen will, muss Druck gegen das zu tragende Gewicht geben. Und wenn das zu tragende Gewicht ein lebendiges in Form eines Reiters ist, ist es gut beraten, mit seinem Körper diesen Druck in der Bewegung präzise zu erwidern. Ein „lockerer" oder wackeliger Reiter nimmt dem Pferd die Möglichkeit, seine Kraft auszurichten, weil er nie da ist, wo das Pferd ihn braucht. Reiter, die immer ganz lässig in die Hangbeinphase fallen (indem sie, wenn das innere Hinterbein in der Luft ist, nach hinten-innen schaukeln), lassen die Schubkraft des Pferdes ins Leere laufen. Das Pferd kann so nicht arbeiten, und wenn es schlau ist, bewegt es sich mal kurz energischer dort hin, wo gerade kein Reitergewicht ist: Pferd nach vorwärts-seitwärts, Reiter nach hinten-unten. Problem des Pferdes gelöst.

Zum **Reiten im gegenseitigen Einvernehmen** müssen beide, Pferd und Reiter, lernen, Druck auszuhalten. Das Pferd hält das Gewicht des Reiters aus und der Reiter nimmt den Druck aus der Schubkraft des Pferdes in seinem Körper auf. Und bleibt über dieser Kraft, entweder mit dem Hintern im

Sattel oder im Leichttraben und im leichten Sitz in den Steigbügeln, anstatt ihr auszuweichen. Die ganzen tollen Trabverstärkungen, die man auf Turnieren und Schauen sehen kann, zeigen was geschieht, wenn der Reiter mehr Energie freigesetzt hat, als er mit seinem Körper verwalten kann. Der Oberkörper kommt hinter die Senkrechte, der Rücken des Pferdes gibt dem Druck nach, die Energie des Pferdes schießt nach vorwärts-aufwärts unter dem Sattel heraus, die Vorderbeine fliegen, alle Fotografen drücken auf den Auslöser und kurz vor der Ecke wird im Zügel hängend versucht, irgendwie zurück ins Arbeitstempo zu kommen. Die Kameras sind leider noch mit dem Speichervorgang beschäftigt. Für das solide Handwerk gilt: Im Zulegen muss der Schwerpunkt nach vorwärts in der Bewegung bleiben und beim Verlangsamen darf der Oberkörper genau so weit zurück, dass man nicht nach vorne fällt, wenn das Pferd bremst. Man nimmt also nicht den Körper zurück, um anzuhalten, sondern man nimmt ihn zurück, um beim Anhalten in der Balance zu bleiben. Das ist ein Unterschied!

Was weiß ich, wenn ich das weiß?

Vielleicht, dass man zum Reiten im gegenseitigen Einvernehmen gemeinsam mit dem Pferd eine Vorstellung davon entwickeln muss, wie viel „Leistung" man von sich und seinem Pferd fordert. Ein gut und vielseitig trainiertes Pferd kann auch mal für ein paar Minuten die Show machen, ohne Schaden zu nehmen, aber auch dann sind die Extreme nicht Haupttrainingsinhalt. Man kann nur so spektakulär reiten, wie man die Grundlagen trainiert, und wenn man für letzteres nicht genügend Zeit, Fähigkeiten und Kenntnis hat, sollte man die Show zu Gunsten der Gesundheit des Pferdes aus dem Programm streichen. Andererseits ist es unfair einem sportlichen, arbeitsfreudigen Pferd gegenüber, wenn man es aus Bequemlichkeit nur verhalten gehen lässt. Das macht genauso kaputt oder missmutig wie die Überforderung. Man muss also ein Trainingskonzept entwickeln, das beiden gerecht wird. Möchte man sich lieber spazieren tragen lassen, braucht das Pferd viel Bewegung ohne Reiter. Möchte man sportlich reiten, sollte man sich selbst zusätzlich zum Reiten in einer anderen Sportart oder noch besser in allgemeiner Bewegungskompetenz üben. Bei uns gab es früher im Sportunterricht das viel gehasste Zirkeltraining, die Vielseitigkeit für Menschen. Jeder durfte sich eine Aufgabe ausdenken, und dann los. Man benötigte dafür ein bisschen Geschicklichkeit, etwas Kraft, möglichst Ausdauer und Balance und den Biss, auch solche Aufgaben zu lösen, die man noch nicht beherrschte.

Zusammengefasst bedeutet das, dass man auf dem Pferd immer im Gleichgewicht bleiben und in der Balance die Schubkraft des Pferdes aushalten können sollte. Und dass das Pferd genügend Kraft braucht, um dem Reitergewicht etwas entgegensetzen zu können. Leichtigkeit und Eleganz entwickeln sich aus Gewandtheit und Kraft, nicht aus Drill und Überforderung. Die Anforderung darf immer nur so weit gesteigert werden, dass Reiter und Pferd die Aufgaben im positiven Bewegungsablauf lösen können. Wenn der Reiter dauerhaft hinter die Bewegung kommt, ist er genauso überfordert wie das Pferd, das den Rücken wegdrückt und den Schub nicht mehr ausrichten kann.. Was dann? Zwei bis drei Schritte zurück!

Mit etwas Übung kann man im leichten Sitz und im Leichttraben fast alles reiten, was man ausgesessen reiten kann. Umgekehrt gilt das noch lange nicht. Man muss nicht aussitzen, um Übergänge zwischen den Gangarten zu trainieren oder unterschiedliche Tempi. Ist die Bewegungsvorstellung stimmig, ist man als ReiterIn weder im leichten Sitz oder im Leichttraben instabil, im Gegenteil, wenn man gelernt hat, sich geschickt anzupassen, wird man dem Pferd leichter gerecht – denn die wenigsten Pferde außerhalb der Kaderschmieden haben genügend Kraft, einen aussitzenden Reiter korrekt zu tragen oder die Gewandtheit, ihn auch gut sitzen zu lassen. Anders sieht es beim Reiten ohne Sattel aus, auf dem blanken Pferderücken oder mit Reitpad: Da ein schief sitzender Reiter hier unweigerlich in Landnot kommt, werden die Trab- und Galoppreprisen deutlich kürzer ausfallen, als wenn die Steigbügel beim Aussitzen zusätzlichen Halt geben. Dadurch werden mehr Übergänge geritten, was das Gefühl für Schub-, Schwung- und Tragkraft schult.

Der Vorteil des leichten Sitzes wiederum ist der, dass der Mensch auf dem Pferderücken sich die Federung seiner eigenen Hüft- und Kniegelenke zu Nutze machen kann, wo die des Pferdes noch nicht ausreichend ausgebildet ist. Das schont und schult gleichzeitig. Die Kraft des Pferdes muss unter dem Reiter nach oben federn können. Daher ist es wichtig, dass die Reiterbeine nicht aktiv nach unten federn wie auf einem Trampolin, sondern den Druck der Schubkraft aufnehmen - ähnlich dem Skifahren auf einer Buckelpiste. Wer gut Skifahren kann, lernt den leichten Sitz erfahrungsgemäß sehr schnell. Vor allem haben die Skier bereits Erziehungsarbeit geleistet: Wenn der Druck auf dem falschen Ski oder zu weit vorne oder hinten ist, funktioniert die Lenkung nicht und das liegt vermutlich nicht an den Skiern.

Zum Thema „Druck": **Druck** ist, wie so vieles andere, für sich genommen wertneutral. Schaut bitte genau hin, wie ihr dieses Wort bewertet und empfindet. Ich habe oft lange Kämpfe führen müssen, um zu klären, wie ich den Begriff verstehe und wo er seinen Platz hat. Häufig wird Druck mit Zwang gleichgesetzt, sowohl von Menschen als auch von Pferden. Druck sehe ich als physikalisches Ereignis, Zwang ist mit einer Absicht desjenigen verbunden, der auf einen anderen Druck ausübt, um ihn zum Nachgeben, zu Leistung oder in eine bestimmte Form zu zwingen. Druck ist – in angemessener Stärke – eine Herausforderung, etwas zu leisten. Druck fordert unsere Problemlösungskompetenz heraus. Im Pferdetraining muss jeder Druck – und bereits das Sattelgewicht ist ein Druck – in seiner Stärke den physischen und psychischen Fähigkeiten des Pferdes angemessen sein, damit die Antwort des Pferdes, beispielsweise auf das Reitergewicht, eine konstruktive sein kann. Zwang will hingegen keine Antworten hören. Zwang ist ein Monolog.

Über den „korrekten Sitz" sei abschließend bemerkt: Man kann in jeder Sitzform und mit jeder Begründung Blödsinn zusammenreiten. Und man kann in allen **Sitzformen** mit den passenden Bewegungsvorstellungen *für* das Pferd arbeiten. Im Prinzip ist eine Sitzform nur eine Form und es liegt an jedem selbst, dieser Form eine Funktion zuzuordnen. Eine Form ist nicht einfach so gut oder schlecht. Die Form, die ein Reiter auf dem Pferd einnimmt, entsteht aus den Fähigkeiten von Reiter und Pferd und der zu lösenden Aufgabe. Gustav Steinbrecht wünschte sich, man möge den Reiter den rechten Gebrauch seiner Glieder lehren, anstatt ihn zu einer steifen Karikatur eines Reiters zu machen. Dem schließe ich mich an.

Das „**in Bewegung Bleiben**" ist wesentlicher Teil des Reitenlernens. Es hört sich so einfach an, aber im wirklichen Leben reagiert unser Körper sehr stark auf alles, was uns nicht gefällt, indem er Körperteile blockiert. Es gibt deshalb viel zu tun, um die eigenen Glieder wie eine Herde Schafe in Bewegung zu halten. Sobald man die linke Hüfte wieder in Gang gebracht hat, merkt man, dass der rechte Ellenbogen eingerastet ist, und wenn der wieder gängig ist, machen die Fußgelenke sich fest... Zu allem Überfluss kann der Körper nicht zwischen dem, was ist und dem, was sein könnte unterscheiden. Er reagiert auf beides gleichermaßen. Das ist hilfreich, wenn wir eine funktionierende Bewegungsabsicht haben, kann aber auch in die Verzweiflung führen, wenn wir die wilden Rösser des Geistes nicht im Griff haben und die Videothek unseres Verstandes uns einen Horrorfilm nach dem anderen schickt. Parallel zum Körper will deshalb die Klarheit des Geistes trainiert werden, damit man lernt, auf die Wirklichkeit zu reagieren und nicht auf die imaginierten Möglichkeiten. Das wiederum bedeutet, dass auch das Bewusstsein in Bewegung bleiben und pausenlos aktuelle relevante Impulse aus der Masse der Eindrücke filtern muss.

Die Wirklichkeit ist nicht das Problem, unsere Vorstellung von der Wirklichkeit ist das Problem, wie bereits Osho feststellte. Wir meinen zu wissen, was andere denken, was andere fühlen und reagieren auf das, was wir uns vorstellen, anstatt das Pferd oder andere Menschen einfach zu fragen, was sie denken und fühlen – oder was sie gerade glauben, was wir denken und fühlen.... Genaues Hinsehen, Hinhören und Hinfühlen sind gefragt. In einer Meditation an einem ruhigen Ort den Geist klar zu bekommen, ist schon schwer genug. Im Hexenkessel der realen Welt hat man ein weites Übungsfeld.

Wir bleiben also in Bewegung. Zu der geistigen Disziplin kommt noch die emotionale Geschmeidigkeit, die uns in die Lage versetzt, unsere Gefühle in ihrem Ursprung wahrzunehmen, entsprechend zu handeln und sie dann wieder loszulassen. Das ist insgesamt eine ganze Menge, zu viel, um sich auf einmal damit zu befassen. Deshalb braucht es auch einige Routine, um zu erkennen, was gerade wesentlich ist und was nicht. Wenn man Ärger verspürt, dessen Ursprung auf eine Diskussion mit einer Arbeitskollegin zurückzuführen ist, kann man den getrost loslassen und die Klärung auf den nächsten Arbeitstag verschieben. Hängt dieser Ärger mit einem Anwesenden zusammen, sollte man direkt versuchen, für Klärung zu sorgen. Wenn man das nicht schafft, ist bereits viel gewonnen, wenn uns bewusst ist, dass der Ärger nichts mit dem Pferd zu tun hat.

Wir sind weiterhin in Bewegung. Die Vielfalt dessen, was es wahrzunehmen und vor allem wieder loszulassen gilt, darf nicht dazu führen, dass man in Reizüberflutung erstarrt. Falls es euch beruhigt: Es findet immer, in jedem Moment, viel mehr statt, als wir aufnehmen können. Aber jetzt wisst ihr Bescheid. Das heißt, ihr könnt üben, wahrzunehmen, zu verändern, loszulassen und dabei immer in Bewegung zu bleiben. Wenn ihr um die unwillkürlichen Reaktionen wisst, erkennt ihr sie auch. Unwissend übt ihr weiterhin, euer Pferd mit schief geneigtem Oberkörper, erstarrten Armen und klemmenden Beinen auf den Zirkel zu ziehen und zu drücken, während euer innerer Kritiker euch das Ohr abkaut, der Ärger langsam zu Zorn und das Pferd immer widerwilliger wird und der harmoniesüchtige Anteil eurer Persönlichkeit in Verzweiflung versinkt.

Puh. Weiter. Bewegen. Zurück zum Pferd. Diesem ist bereits geholfen, wenn ihr ihm sagt, dass es nicht das Problem ist. Und da ihr dank der Vorarbeit ein bewegungskompetentes Pferd habt, das seinen Job kennt, könnt ihr es einfach darum bitten, euch zu tragen, damit ihr üben könnt. Und da ihr eure inneren Widerstände gegen die Welt im allgemeinen loslassen konntet, wird euer Körper immer geschmeidiger und das Pferd kooperativer. Ihr seid raus aus dem Teufelskreis. Je bewusster ihr seid, um so einfacher geht das. Ab hier wird konstruktiv gearbeitet.

Noch seid ihr an der Longe, die verschiedenen Sitzformen in den verschiedenen Gangarten werden langsam selbstverständlich. Ihr könnt euch am Halsring geschmeidig ausbalancieren, und euer Schwerpunkt bleibt die meiste Zeit, wo er hingehört? Dann kommen jetzt die **Zügel** ins Spiel. Je nach dem, was das Pferd bereits kennt, mit Wassertrense oder gebissloser Zäumung. Eure Hände sollen lernen, das Pferd und die Bewegungsrichtung zu fühlen. Und der Körper macht weiter mit dem, was er bereits kann. Er ruht sich nicht darauf aus, dass jetzt die Hände die Arbeit machen. An der Longe habt ihr die Bewegungen des Pferdes vom Boden aus genauer kennengelernt, in allen Zusammenhängen, und die Biomechanik ergründet. In dem Moment, in dem sich ein Reiter aufs Pferd schwingt, wird das biome-

chanische Modell um einiges komplexer– weil um einen menschlichen Kör-
per erweitert. Als ReiterIn werdet ihr ein Teil des biomechanischen Systems,
nicht einfach nur PilotIn. So, wie das Pferd seinen eigenen Schub aus der
Hinterhand in der Anlehnung am Kappzaum spürt, so spürt ihr seine
Schubkraft in den Händen. Vorausgesetzt, ihr wollt nicht ständig etwas mit
ihnen „machen". Die Schubkraft spürt ihr als Zug. Dieser ist ebenfalls eine
Kraft. Und zwar eine Kraft, die auf euren Körper wirkt. Zunächst in die
Hände, dann in die Arme und dann in den Rumpf. Das bedeutet, dass das
Pferd euch zunächst durch den Zug in euren Händen in eurer Balance stören
wird, bis ihr gelernt habt, euch an dieser Kraft auszubalancieren, anstatt
euch dagegen zu versteifen. Ihr lenkt diese Kraft um in eure Basis, nach unten - entweder in den Hintern oder in die Füße, ja nach dem, in welcher Sitzform ihr gerade übt. Dabei darf der Oberkörper nicht nach hinten gehen, ihr
müsst die Kraft im Rumpf nach unten umlenken. Ihr geht nicht gegen die
Kraft! Ihr zieht nicht, ihr werdet gezogen. Das kann nur funktionieren, wenn
alle Gelenke frei sind und jedes seinen Teil der Umlenkung übernimmt. Dafür benötigt ihr viele Übungsstunden, denn zwischen verstanden haben und
souveräner Reaktion des Körpers in allen Lebenslagen liegt einiges an Trainingszeit. Wer mit seinem Pferd bereits so weit einig ist, kann das prima im
Gelände üben!

Ein kleiner Versuch zum Thema Stabilität, ganz Pferde schonend: Ihr
stellt euch, die Füße etwa schulterbreit auseinander, mit leicht gewinkelten
Knie- und Hüftgelenken hin und lasst euch von einem Partner an den Händen nach vorne ziehen. Je stärker der Partner zieht, um so eher kommt man
in die Situation, dass man gegen ihn zieht. Das ist jedoch nicht der Zweck
der Übung. Ihr sollt die Kraft nach unten in den Boden leiten und eure Position über euren Füßen beibehalten, ohne steif zu werden. Zieht ihr gegen euren Partner, fallt ihr um, sobald dieser loslässt. Aufs Pferd übertragen
bedeutet das, dass ihr ihm in den Rücken fallt und hinter die Bewegung
kommt, sobald es am Zügel nachgibt. Auch auf dem Pferd muss die Kraft in
die jeweilige Grundfläche umgelenkt werden. Bei dem oben beschriebenen
Versuch merkt man schnell, dass man, sobald man im Rücken steif wird
oder hinter die Senkrechte kommt, nicht mehr reagieren kann, wenn Druck
oder Zug sich verändern.

Will ich mehr Druck nach oben gegen mein Gewicht erzeugen, kann ich mir vorstellen, dass der Vorderfuß des Pferdes die Grundfläche bildet und „antwortet" (siehe Spatzenschleuder auf Seite 137). Fehlt es mir an Schubkraft, nehme ich den Hinterfuß als Grundfläche – dessen Antwort ist der Schub in die Dehnung und deren Stabilisierung. Beim Durchparieren hebt sich der Rumpf gegen mein Gewicht, die Hinterhand kann sich beugen und sich auf die innere Schubkraft beschränken. Diese Sichtweise ergibt nur dann einen Sinn, wenn das Pferd mir Energie zum Umlenken in die Hand gibt. Und wenn diese Energie alle Gelenke durchfließen kann bis zu dem Punkt, von dem ich eine Antwort möchte.

Was weiß ich, wenn ich das weiß?

Dass jeder Sitz hinter der Senkrechten diese Kommunikation zwischen Reiter und Pferd unmöglich macht! Dass das Pferd durch seine Schubkraft und deren Ausrichtung bestimmt, was es mir in die Hand gibt, und dass ich erreichen muss, dass es mir diese Energie gibt – ich kann sie mir nicht einfach nehmen. Ich kann das Pferd nur auffordern, das Spiel mitzuspielen.

Und ich weiß, dass ich das nur erreichen kann, wenn die Kraft durch meinen Körper einen biomechanisch sinnvollen Weg in und durch das Pferd findet. Schwerpunkt vor oder zurück ist leider viel zu ungenau. Anfangs hat man – siehe Versuch oben – genügend Probleme, eine einwirkende Kraft durch den eigenen Körper in den Boden zu lenken. Im ersten Teil des Buches sind die Schwachpunkte in der Pferdeanatomie beschrieben. Diese Stellen geben bei falscher Belastung als erstes auf und falsche Belastung entsteht, wenn der Reiter durch Zug am Zügel und ungünstige Haltung den biomechanisch sinnvollen Kraftweg überbrückt, wodurch der Druck an einer Stelle landet, die ihm nichts entgegenzusetzen hat. Beispielsweise im mittleren Rücken, in der Bugspitze, im Unterhals etc., siehe Trageerschöpfung.

Für die Reiter, die gerne ohne Anlehnung reiten möchten: **Tragkraft ohne Anlehnung** zu entwickeln, ist für Pferd und Reiter der weitaus schwierigere Prozess, der meistens damit endet, dass das Pferd entweder hinter dem Zügel geht und/oder das Pferd in der Trageerschöpfung und der Reiter in der Hängematte zwischen Vor- und Hinterhand landet. Die Tragkraft entsteht aus der Transformation der Schubkraft. Ohne Anlehnung arbeitet die Schubkraft ins Leere, kann also nur Geschwindigkeit erzeugen. Wenn der Reiter seinen Sitz noch nicht so weit perfektioniert hat, dass er die Energie des Pferdes vollständig mit seinem Körper aufnehmen und steuern kann, muss dieses Pferd Kommandos lernen, damit man es auch wieder anhalten kann, bevor es müde wird. Es lernt, seine Schubkraft „wegzumachen", anstatt sie im Körper umzuwandeln. Vor allem: Wenn das Pferd sich auf Signale und Kommandos konzentriert, kann es sich nicht gleichzeitig voll auf sein Körpergefühl einlassen. Um Losgelassenheit zu erreichen, ist genau dieses Sicheinlassen notwendig.

Beim Reiten am Zügel, wenn es so geübt wird, wie oben beschrieben, entsteht eine biomechanische Verbindung. Das Pferd hört nicht am Gebiss auf, der Reiter nicht an seinen Händen, es werden nicht nur Reiterhand und Pferdezunge miteinander verbunden, sondern auch die motorischen Zentren. Die Reiterhand fühlt vieles, was der Hintern nicht wahrnimmt und die Pferdezunge ergänzt die Wahrnehmung des Pferderückens. Wer möchte, darf mich jetzt steinigen – ich schreibe das hier schließlich nicht, um mich beliebt zu machen. Ich behaupte auch nicht, dass es unmöglich ist, ein Pferd ohne Anlehnung auszubilden. Die Anforderungen an Pferd und Mensch sind nur sehr hoch und die Gefahr, einen Reitautomaten zu bekommen, der alles macht, was er soll, aber weder über Gewandtheit noch Losgelassenheit verfügt, ist ebenfalls groß. Allerdings kann man Pferde auch *mit* Zügeleinsatz automatisieren, das sind dann die beliebten Dressurautomaten. Die können alles, fühlen sich aber für Reiter, die auf gemeinsame Bewegungen Wert legen, nicht gut an und sind auch nicht rittig (sie reagieren nicht auf den Reiterkörper, sondern auf Hand- und Schenkelpositionen. Richtig: Es handelt sich um Schenkelgänger).

Das, was ich versuche zu beschreiben, ist *die* Verbindung zwischen Reiter und Pferd, die auch ungünstig gebaute oder vorgeschädigte Pferde in die Lage versetzt, sich und ihren Menschen in allen Lebenslagen gut zu tragen und dem Reiter die Möglichkeit gibt, ein schwaches Pferd stark zu machen und ein bereits am Bewegungsapparat erkranktes zu rehabilitieren. Ich vermute, dass diese Herangehensweise, wenn man sich entschlossen hat, es so zu lernen, schneller und leichter funktioniert, als der Versuch, Hilfengebung erfolgreich einzusetzen.

Ein weiterer lustiger Versuch:

Teil 1: Auf ein Bein stellen – nein, auf das andere – und anfangen, sich mit den Armen, dem Rumpf und dem angehobenen Bein zu bewegen. Immer schwungvoller, bitte. Hoppla.

Teil 2: Schnappt euch einen Partner und macht das Gleiche, aber haltet euch an einer Hand. Wenn ihr mit der Absicht, euch gegenseitig auszubalancieren, an die Aufgabe geht, macht das zum einen Spaß, zum anderen könnt ihr euch sogar besser bewegen, als vorher alleine. Ihr werdet merken, dass man nicht mit sooo viel Kraft aufeinander einwirkt, sondern dass auch eine leichte Verbindung ausreicht, um im Gleichgewicht zu bleiben. Die Stärke der Verbindung ist nicht immer gleich, sondern so, wie sie benötigt wird.

So ähnlich sollt ihr mit dem Pferd üben. **Lenken und Tempokontrolle** entstehen aus Balance im Miteinander. Es gibt inzwischen einige freundliche und gut sitzende hebelfreie, gebisslose Zäumungen, die sich nicht zuziehen. Damit ist für das Pferd auch ein gelegentlicher Rumpler gut auszuhalten, und da inzwischen klar ist, dass nicht gegeneinander gekämpft wird, ist die Einwirkung meistens völlig ausreichend. Übrigens kaut ein losgelassenes Pferd auch mit gebissloser Zäumung und zeigt den gleichen netten weißen Lippenstift wie eines, das korrekt am Gebiss geht. Was ein Hinweis darauf ist, dass ein Gebiss auf der Pferdezunge nicht so wichtig ist, wie gemeinhin vermutet. Ich denke, die Losgelassenheit im Kiefer ist eine Folge der allgemeinen Losgelassenheit und des Wohlbefindens unter dem Reiter. Ein entspannter Mensch braucht auch keinen Kaugummi, um die Kiefergelenke zu lockern und Stress abzubauen.

Aus der Sicht des Bewegungslernens wird die **Zügelverbindung** mit zunehmender Gewandtheit von Pferd und Reiter immer leichter, weil beide sich mit immer feineren Bewegungen einig werden können.

Zu Beginn sollte die Verbindung zum Pferdekopf so stark oder schwach sein, dass Pferd und Reiter sich gegenseitig spüren und sich aneinander ausrichten können. Was meistens bedeutet, dass die Anlehnung in den Übergängen etwas stärker wird und in der gleichmäßigen Bewegung leichter. Das Pferd muss sich, um sich neu ausbalancieren und seine Dehnungshaltung korrigieren zu können, in die Reiterhand dehnen dürfen. Der Reiter muss sich hinter diesem Zügelzug selbst neu organisieren, um in der Bewegung zu bleiben und die Kraft umzulenken.

Die Anlehnung ist zu stark, sobald einer der Beteiligten sie als unangenehm empfindet - meistens lässt sich das Problem recht gut lösen, indem man die Bewegungsvorstellung verändert oder die Vorstellung von der Intention des Pferdes. Geht ein Reiter davon aus, dass das Pferd schneller werden will oder ihm die Zügel aus der Hand zu ziehen versucht, reagiert er anders, als wenn er weiß, dass das Pferd sich nur neu ausbalancieren möchte. Der Vorwärtszug am Zügel wird im Laufe des Trainings immer leichter, aber er darf nie aufhören. Wenn das Pferd nicht mehr an den Zügel zieht, ist etwas verkehrt.

„Nichts in der Hand und nichts unterm Hintern" bedeutet, dass das Pferd zu wenig Energie hat. Vielleicht kann man die hineintreiben, vielleicht ist aber auch die Trainingseinheit bereits vorbei! Hier gilt es, für jedes Pferd ein Gespür zu entwickeln. Manche lassen sich nur dann hängen, wenn sie wirklich nicht mehr können, andere lassen sich ziemlich bitten, bis sie aus dem Quark kommen, laufen dann aber wie ein Salzmann. Manche Pferde werden hysterisch, weil sie nicht mehr korrekt tragen können und rennen deshalb los – was nichts damit zu tun hat, dass diese Pferde zu viel Energie haben, im Gegenteil. Andere Zappelphilippe werden ruhig und unermüdlich, sobald sie ihre Arbeitshaltung gefunden haben.

So, die Anlehnung ist in etwa definiert. Aber – wer „So!" sagt, ist noch nicht fertig. Wir hängen ja noch an der Longe. Die können wir gleich abmachen, aber vorher lest bitte nochmal den Text über Biegen und Wenden auf Seite 137 und den über das Schlängeln auf den Seiten 55 und 133.

… ich warte so lange.

Das Pferd drückt mit der Nase oder der Zunge gegen die Zügel. Zum einen, das hatten wir bereits, um sich und euch immer wieder neu auszubalancieren. Zum anderen auch, um nach dem Weg zu fragen. Um dem Pferd die Richtung zu zeigen, kann man außen nachgeben, dadurch gestattet man dem Pferd, die Blickrichtung zu ändern. Dann gibt man innen nach, damit es der neuen Blickrichtung folgen kann. Stimmt, wenn wir das ein paarmal so machen, werden die Zügel immer länger. Deshalb gehören ein nachgebender Zügel und ein annehmender Zügel zusammen. Aber das Pferd sollte das Gefühl bekommen, vom Nachgeben ins Nachgeben geritten zu werden. Der Weg, den es in der Biegung gehen soll, ist der des geringsten Widerstandes. Widerstand benötigt man, um sich und das Pferd neu auszubalancieren, nach dem Durchreiten einer Ecke beispielsweise, im Geraderichten. In den Übergängen. Konstruktiver Widerstand gehört immer auf die Außenseite des Pferdes, dorthin, wo es stabil ist. Auf der Innenseite führt Druck zum Ausweichen – entweder mit dem inneren Hinterfuß, ein hausgemachtes Problem, wenn das Reitergewicht in die Hangbeinphase fällt oder mit der äußeren Schulter aus der Bewegungsrichtung - oder in Maul und Genick seitlich nach innen verworfen als Reaktion auf zu starke Zügeleinwirkung bei falscher Schwungrichtung. Für die Lenkung brauchen wir vor allem Bewegungsfluss, das Pferd soll in die gewünschte Richtung ziehen und nicht um die Ecke gebremst werden. Sollte ein Abfangen nötig sein, dann rechtzeitig vor dem Abwenden oder danach beim Geraderichten. Erinnert euch, dass ein großer Teil der gemeinhin gegebenen Hilfen der Korrektur von Fehlern dient, die ihren Ursprung in ebendieser Einwirkung haben. Ich versuche, die Hilfengebung so weit es möglich ist zu reduzieren – auf die Hilfen, die dem Pferd zwanglos vermitteln, was es tun soll. Warum sonst hätten wir uns so lange mit mit der gemeinsamen Balance befassen sollen?

Für mich bedeuteten Zügel früher immer Stress, weil ich dachte, man müsse ständig etwas damit machen. Für ein paar Jahre habe ich sie dann weitgehend weggelassen – ich bin damals als reine Geländereiterin prima ohne Zügeleinwirkung mit meinem Pferd klar- und überall hingekommen. Wenn ich mal auf einen Reitplatz kam, konnte ich alle Bahnfiguren in allen geeigneten Gangarten freihändig durchreiten. Zum Lenken brauchte man die Dinger also nicht. Es hat dann noch ein paar Jahre gedauert, bis ich fühlen konnte, worum es geht. Und noch ein paar Jahre, bis ich nicht mehr in die alten Muster gefallen bin, wenn ich selbst unterrichtet wurde. Bis ich den Bogen raus hatte, meinen *Körper* zu verändern, wenn ein Reitlehrer vom *Zü-*

gel sprach. Bis ich mich mit einem Reitlehrer darauf einigen konnte, dass er mir einfach sagte, wie sich seiner Meinung nach das Pferd verändern sollte, anstatt mir Hilfen vorzugeben. Denn das, was ich unternahm, damit er mit dem Ergebnis einverstanden war, war etwas völlig anderes als das, was er mir vorher gesagt hatte, was ich tun sollte... Die Pferde waren ebenfalls einverstanden. Es waren einige erinnernswerte Reitstunden bei Marjan Turk in Lipica, für die ich immer noch dankbar bin.

Die Grundprinzipien der Zügelführung

Sitz und Hand machen keinen Druck gegeneinander. Der Reiterhintern gibt die Kraft senkrecht in den Pferdekörper, nicht nach vorne gegen den Widerrist und die Hände. Wenn man etwas mit den Zügeln macht, verändert das nicht automatisch den Körper. Wenn der Körper sich verändert, bleiben die Zügel passiv aushaltend. Die Zügel geben Rahmen und Blickrichtung, der Körper gibt Kraft und Bewegungsrichtung. Und immer zieht das Pferd!

Ganz simpel, oder?

Leider geschieht nur zu leicht etwas völlig anderes: Man fasst die Zügel nach und der Schwerpunkt kippt nach hinten – oder nach vorne. Man konzentriert sich auf die Zügelführung und der Körper macht Kaffeepause. Man richtet den Körper auf und nimmt dabei automatisch die Hände zurück. Man ändert die Blickrichtung des Pferdes und kippt mit dem Oberkörper nach innen. Oder nach außen. Diese Liste ist beliebig verlängerbar, aber ich denke, es ist klar, worum es geht. Das Üben hat noch kein Ende. Die Koordination von Körper und Händen, so, dass die Aufgaben klar zugeordnet bleiben, fordert eine ausgeprägte Selbstwahrnehmung. Und da hilft nur üben, üben, üben und im Zweifelsfall den Fehler bei sich selbst zu suchen. Der innere Beobachter wird gleich mittrainiert – der innere Kritiker, Meckerer und Schlechtmacher befindet sich hoffentlich bereits auf dem Weg in die Wüste. Wenn man sich intensiv mit diesen Zusammenhängen befasst, spürt man erst, wie lange man sich an vermeintlich einfachen Abläufen und Bahnfiguren üben kann, ohne die Abläufe und Bahnfiguren zu üben. Ihr übt nicht die Form, ihr übt *euch* an der Form.

Während dieser ganzen Übungsreihe ist immer darauf zu achten, dass das Pferd trägt und genügend Energie mitbringt. Es tut dem Pferd gut, weiterhin regelmäßig an der Longe für sich allein zu üben, ohne Reitergewicht. Das betrifft vor allem Pferde, die schon einmal in einem negativen Bewegungsablauf waren, die trageerschöpften und zügellahmen. Aber auch die Kraftprotze dürfen sich gelegentlich mit sich selbst beschäftigen. Zur Erholung.

Die Sache mit den treibenden Hilfen

Bis auf weiteres geht es um vortreibende Hilfen, um Energie für innere und äußere Schubkraft und Schwung. Keine seitwärts treibenden oder biegenden Schenkelhilfen.

Für unseren Übungsaufbau ist vorläufig die Gerte Impulsgeber für Schub aus der Hinterhand. Nicht der Schenkel. Aus dem einfachen Grund, dass zuerst das Mitgehen in der Bewegung, die ständige geschmeidige Bewegung des Reiterkörpers ohne innere Widerstände geübt werden muss. Die eigentliche „vortreibende" Hilfe besteht aus der ganzheitlichen, schwungvollen Bewegung des gesamten biomechanischen Komplexes aus Reiter und Pferd, wobei sich natürlich auch die Reiterschenkel am Pferd liegend bewegen. Sobald der Reiter meint, mit den Unterschenkeln treiben zu müssen, macht er mit diesen Druck gegen den Pferdeleib, verzögert er dabei seine Bewegungen und kommt hinter die Bewegung. Die gemeinsame Bewegung ist die Grundlage des Reitens und muss in jedem Moment erhalten bleiben. Bis das Treiben sich aus der gemeinsamen Bewegung entwickelt hat, empfehle ich deshalb die Gerte. Da das Pferd an der Longe gelernt hat, die Peitsche als vortreibende Hilfe zu verstehen und als Aufforderung, sich in die Dehnungshaltung zu begeben, gibt es selten Probleme damit, die gewünschte Reaktion auch mit Hilfe der Gerte zu erhalten. Vortreibend bedeutet nicht „schneller machend", sondern Energie im Pferd von hinten nach vorne schickend. Unter Berücksichtigung der Richtungsbezeichnung „vor". Was bedeutet, dass die Energie sich keine Schlupflöcher seitlich aus der Bewegungsrichtung zu suchen hat, sondern immer ihren Weg durch den Pferdekörper nach vorne nimmt. Hier finden wir dann den Bezug zur „Schenkelhilfe": Sobald im Pferd der Schwung nicht nach vorne geht, sondern seitlich gegen den Reiterschenkel, nimmt dieser die streunende Energie auf und schickt sie wieder vorwärts in den gewünschten Bewegungsfluss. Was absolut überhaupt ganz und gar nichts mit Drücken zu tun hat.

Wir einigen uns also darauf, dass die Gerte den vortreibenden Impuls gibt und die Unterschenkel, am Pferd liegend, Schwung aufnehmen und zurück ins Pferd geben, ohne den Bewegungsfluss zu unterbrechen oder den Rumpf als Hebel zu benutzen. Je präziser dieses Aufnehmen und Zurückschicken funktioniert, um so weniger Gerteneinsatz wird benötigt.

Mit den Reiterbeinen gibt es das gleiche Problem wie mit den Reiterhänden. Sollen sie etwas tun, wollen sie sich die Kraft aus dem Rumpf holen und verändern diesen dabei auf wenig hilfreiche Weise:

Das Hüftgelenk blockiert, der Oberkörper neigt sich zur Seite oder zurück, die Schultern werden steif, die Wirbelsäule wackelig und so weiter.

Die Lösung des Problems liegt in der Veränderung des Dienstweges. Die Verbindung Hirn – Hand oder Hirn – Schenkel muss über die Zwischenstation mittleres motorisches Zentrum (9.-12.Brustwirbel) geleitet werden. Nur dann stabilisiert sich die Wirbelsäule und Hand und Schenkel werden aus dem mittleren motorischen Zentrum heraus angesteuert. So, wie das mittlere motorische Zentrum des Pferdes sich die Gliedmaßen ordnet, so lässt sich das mittlere motorische Zentrum des Reiters von den Gliedmaßen unterstützen. Die Bewegungsabsicht wird aus dem Hirn ins mittlere motorische Zentrum geschickt und von dort aus wird die ganzheitliche Bewegung organisiert. Deshalb versuche ich im Unterricht, mit umfassenden Bewegungsabsichten zu arbeiten, denn sobald Hand oder Bein direkt angesprochen werden, wird der Mensch zum Schenkelgänger. Böse Falle.

Vermutlich geht es weniger um die genaue Koordination und die Art und Weise, wie sich der Körper im Einzelnen organisiert, sondern darum, von wo aus er das tut und mit welcher Absicht. Will ich einfach nur nicht umfallen oder möchte ich die Energie, die mich aus dem Gleichgewicht zu bringen droht, in den Boden umleiten? Je nach dem, wo ein Körper seine Stärken und Schwächen oder vielleicht sogar Schmerzpunkte hat, kann die Umsetzung der Absicht sehr unterschiedlich ausfallen. In der Bewegungsbeziehung zwischen Reiter und Pferd sollten beide sich auf die jeweiligen Stärken beziehen und Druck gegen Schwach- oder Schmerzpunkte vermeiden. Da jeder selbst am besten weiß, wo es weh tut, sind motorische Kompetenz und Körperintelligenz so wichtig. Bei Pferd und Reiter. Wenn man es gelernt hat, kann man fast jeden Druck dorthin umlenken, wo er einem nutzt oder zumindest nicht schadet. Immer vorausgesetzt, dass man nicht in eine Haltung gezwungen wird, aus der heraus das unmöglich ist. Ich erwähnte bereits, dass es Zeit braucht, das zu lernen?

Mit den **Gewichtshilfen** brauchen wir uns kaum noch zu befassen, da die gemeinsamen Bewegungsabläufe auf geraden und gebogenen Linien inzwischen gut funktionieren. Die wichtigste Gewichtshilfe ist: Mittig über dem Pferd bleiben, alle Wirbel der Reiterwirbelsäule, die an oder vor die Senkrechte gehört, bleiben über der Wirbelsäule des Pferdes. Das Reitergewicht bleibt immer über der Kraft des Pferdes. Eine beidseitig belastende Gewichtshilfe entsteht aus der Umlenkung der Schubkraft des Pferdes durch die Zügel zurück in den Reiterkörper und von dort gegen den Ursprung der Kraft. Das ist etwas anderes, als den Oberkörper zurückzunehmen, was ja ohnehin nicht geht, wenn man sich daran hält, dass der nicht hinter die Senkrechte gehört. Gemerkt? Das hatten wir in anderen Worten bereits bei der Zügelführung.

Mit belastenden Gewichtshilfen kann man einzelne Pferdebeine dazu veranlassen, mit mehr Kraft zu arbeiten, vorausgesetzt, das Pferd kann diese Kraft auch aufbringen. Eine Gewichtshilfe ist immer eine Herausforderung an Kraft und Geschicklichkeit des Pferdes und es ist wesentlich, dass das Pferd in der Lage ist, diese Herausforderung fröhlich anzunehmen. Belastende Gewichtshilfen gehören immer „über die Kraft", also auf keinen Fall in die Hangbeinphase, in das hintere Drittel des Sattels oder neben das Pferd. Wo das Gewicht Druck macht, ist abhängig von der Absicht des Reiters, der Genauigkeit seiner Bewegungsvorstellung und seiner motorischen Koordination. Ein gut ausgebildetes Pferd darf dem Druck nicht weichen, es muss die Herausforderung annehmen. Nein, das Pferd muss dem Druck nicht weichen. Weder am Zügel, noch am Schenkel, noch im Rücken, noch in der Hinterhand. Der Reiter muss lernen, ein starkes Pferd zu führen und die Kraft dorthin zu leiten, wo er sie haben möchte.

Damit habe ich jetzt hoffentlich alles beschrieben, was man braucht, um mit seinem Pferd gemeinsam zu üben. Welche Bahnfiguren oder Geländeformen ihr dabei durchreitet, bleibt euch überlassen – euch stehen alle Möglichkeiten offen. **Haltet euch an die Prinzipien und aus der Panikzone raus, dann klappt das schon!**

Im Kapitel über das Reiten habe ich bewusst auf Bilder verzichtet, in der Hoffnung, dass ich Bewegungsgefühl und Zusammenhänge so gut beschrieben habe, dass ihr euer eigenes Bild davon entwickeln könnt. **Möge aus dem Erforschen der Funktionen eine Form entsteht, die dann die eure ist, die eure ganz authentische Bewegung auf und mit dem Pferd zeigt.**

In den letzten zwei Jahren haben einige meiner Reitschülerinnen **Übungsgruppen** gebildet, deren Fortschritte ich recht beachtlich finde und in denen sich ReiterInnen mit unterschiedlichem Erfahrungshintergrund gegenseitig fördern.

Alles, was im Unterricht bereits gemacht wurde, darf (muss aber nicht) im Gelände geübt werden. Wenn es Probleme gibt, werden die in der nächsten Unterrichtsstunde angesprochen und ich versuche, die Ursache herauszufinden und gegebenenfalls die Übungsschritte weiter zu unterteilen oder den Unterrichtsschwerpunkt entsprechend zu verlegen. Für eine Nichtreiterin mit ihrem ungerittenen Pferd heißt das, dass sie alles übt, was bereits geht, ohne in die Panikzone zu kommen. Auf- und Absitzen mit Helferin am Kopf des Pferdes beispielsweise. Bis das völlig normal ist – bis es fast langweilig wird. Absitzen im Schritt. Bis das Pferd nicht mehr spannt und die Reiterin nicht mehr die Luft anhält. Selbst longieren natürlich. Führen, putzen, satteln. Alleine und mit anderen im Gelände spazieren gehen. An der viel befahrenen Straße mit ausreichend Sicherheitsabstand herumstehen und so lange dem Verkehr zuschauen, bis das Pferd gähnt und selbst LKW und Traktoren es eher langweilen als aufregen. Mit dem gesattelten Pferd an der Hand mit den anderen Reiterinnen ins Gelände gehen, während die anderen reiten. Antraben und durchparieren an der Hand. Pferdetausch beim Führen und Longieren, damit alle mit den Pferden derjenigen, die Hilfe brauchen, vertraut sind. Auf dem Platz führen lassen. Im Gelände auf- und absitzen. Im Gelände führen lassen. Im Gelände abwechselnd reiten und führen (Einer reitet, die anderen führen). Fehlende Erfahrung kann man nur durch das Sammeln von Erfahrungen ausgleichen. Seit ich mein Wissen darauf verwende, meinen SchülerInnen zu zeigen, was in ihrer Macht steht und was nicht, anstatt ihnen beibringen zu wollen, was ich in ihrer Situation tun würde, seit ich ihnen zeige, was sie üben können, geht das Lernen viel umfassender vonstatten. Meine SchülerInnen entwickeln Eigenverantwortung, haben tolle eigene Ideen, stellen hilfreiche Fragen. Die Pferde werden immer cooler, kennen ihren Auftrag und lassen sich in die Verantwortung nehmen. Alle Beteiligten haben Problemlösungskompetenz entwickelt und gelernt, wie man übt. Wem es wichtig ist, dass das Pferd im Gelände jederzeit anhält, der muss das üben. Erst vom Boden aus, dann vom Sattel aus – erst auf dem Platz, dann im Gelände. Erst auf Stimme, dann auf Sitz und Zügel. Mit einem Kind, das einerseits reiten lernen wollte, andererseits aber eine Höllenangst vor Kontrollverlust hatte, habe ich seinerzeit als erstes Anhalten geübt. Das Pferd musste antreten, damit die Reiterin wieder anhalten konnte. Das Kind hat seine Eigenmacht entdecken müssen, bevor es sich darauf einlassen konnte, an der Longe vertrauensvoll zu reiten. Also Arbeitsteilung: Ich als Longenführerin setze das Pferd in Gang, damit die Reiterin durchparieren kann. Schritt – Halt – Schritt – Halt – Schritt – Trab – Schritt. Inzwischen reitet die junge Frau (9J.) einen Warmblutwallach auf Wassertrense, mit Reitpad ohne Steigbügel, in allen Sitzformen in allen drei Gangarten auf dem Platz und im Gelände und übt gerade, dem alten Professor eine gute Vorlage für den fliegenden Wechsel zu geben.

Alle Beteiligten, ReiterInnen und Pferde, sollen in der gemeinsamen Arbeit Problemlösungskompetenz entwickeln und lernen, so miteinander zu kommunizieren, dass Kampf und Stress keinen Nährboden finden.

Vielen Berufsreitern und Ausbildern erscheint dieses Vorgehen fragwürdig bis gefährlich, sie zweifeln daran, dass die ReiterInnen ihre Pferde, teilweise gebisslos und ohne Sattel, kontrollieren können. Der Trick besteht darin, dass es nicht um Kontrolle geht. Zumindest nicht um die mechanische Kontrolle des Fluchttieres Pferd. Es geht um die Kontrolle des eigenen Egos, dass es einen nicht in Kämpfe verwickeln kann, es geht um Selbsterkenntnis und darum, seine eigenen Fähigkeiten und Bedürfnisse realistisch einzuschätzen, es geht darum, sich und das Pferd so genau kennenzulernen, dass man weiß, wo die Panikzone beginnt. Es geht darum, das Bewegungsbedürfnis des Pferdes unabhängig von den reiterlichen Fähigkeiten befriedigen zu können. Es geht darum, Angst als innere Führung anzuerkennen. Es geht um Problemlösungskompetenz bei Reiter und Pferd.

Es geht *nicht* um die mechanische Kontrolle des Fluchttieres Pferd.

Und jetzt mal ganz ehrlich: wie lange dauert es, bis jemand ein Pferd nach herkömmlichem Maßstab in allen Situationen „kontrollieren" kann, und in wie viele gefährliche Situationen kommt man auf diesem Weg? Ist das wirklich sicherer? Ich für meinen Teil möchte das *so* nicht mehr unterrichten.

Zusätzliche Regeln und Vorschläge für das gemeinsame Üben mit anderen ReiterInnen:

Niemandem wird seine Angst ausgeredet. Die Übungsschritte werden auf ein handliches Maß verkleinert, bis die Angst Ruhe gibt. Sicherheit geht vor! Der Versuchsaufbau wird vor dem jeweiligen Training möglichst genau besprochen, es muss klar sein, wer was üben will. Erlaubt sind: Sicherheitsrelevante Anmerkungen und die Äußerung eigener Bedürfnisse sowie Bitten um Hilfe. Im gegenseitigen Einvernehmen auch Feedback zum Sitz und zur Haltung des Pferdes. Verboten: Alles, was Stress verursacht, andere über ihre Grenzen drängen, Ungeduld. Der Versuchsaufbau ist flexibel, so dass jeder zu seinem Recht kommt.

Zum guten Schluss:

Um mit sich selbst und seinem Pferd verantwortungsvoll umzugehen, muss man den Schritt machen, wirklich die volle Verantwortung zu übernehmen für alle Probleme und Umstände, von denen man glaubt, dass sie die eigenen Idealvorstellungen sabotieren. Du hast dieses Pferd, weil du dich irgendwann dafür entschieden hast. Du reitest, wie du reitest, weil du das so geübt hast, weil du dich irgendwann für eine Reitweise, einen Reitlehrer und dafür, so zu üben, entschieden hast. Dein Pferd steht in diesem Stall, weil du dich dafür entschieden hast. Du hast zu wenig Zeit für dein Pferd, weil du dir deine Zeit so einteilst, wie du das tust. Du hast Angst vor deinem Pferd und vor der Arbeit mit ihm, weil du dich irgendwann dafür entschieden hast, deine Übungsschritte so groß zu machen, dass du Angst haben *musst*.

Es ist ganz egal, wer dir zu dem Pferd geraten hat, warum du diesen Stall, in dem ihr beide unglücklich seid, gewählt hast, wie du in die Situation gekommen bist, in der du jetzt steckst. Übernimm die Verantwortung und dann löse ein Problem nach dem anderen. Mach die Schritte nur so groß, dass sie dich nicht überfordern, aber bleib in Bewegung. Versuche, „Behandlungen" durch passende Haltung, Fütterung und Bewegung überflüssig zu machen. Lerne, einfach und solide zu reiten, indem du die Verantwortung für deinen Körper und die Reaktionen des Pferdes übernimmst.

Dafür kannst du dann einen Haufen Tierarztkosten sparen, den Psychotherapeuten, die Selbsterfahrungsurlaube, den Beritt und das ganze Geld, das du für bunte Schabracken, Gamaschen und Abschwitzdecken ausgibst, um deine Frustration zu kompensieren.

Halte dich an die Prinzipien und aus der Panikzone raus und fang an zu üben!

Special thanks to:

Susi, Max, Freya, Veronika, Dukas, Elegante, Tommy, Unica, Uranus, Manu, Duhnen, Marschall, Little Boy, Darius, Poldi, Satrap, Polly, Branty, Peggy, Mandy, Svana, Soti, Kopur, Krapi, Snerra, Hrefna, Gloa, Funi, Rökkvi, Birta, Grettir, Barki, Fiona, Flicka, Stebbi, Sprekkur, Lola, Lady, Sari, Chipsy, Nischa, Hermann, Abu, Drummer, Patch, Maruscha, Mausi, Elena, Petur, Risandi, Gipsy, Stallur, Pacho, Sioux, Merlin, Blitz, Caris, Flo, Pascha, Drottning, ElHazar, Winnie, Blizzard, Monty, Rocky, Falco, Lissy, Moritz, Monty, Pandur, Canaro, Mogli, Talisman, Rosita, Rondo, Ayleen, Quincy, Ebonit, Effekt, Estelle, Fabienne, Filou, Dorian, Sörli, Hexe, Odin, Dudek, Banjak, Flo, Sally, Snövitt, Mira, Uranus, Lucky, Leo, Rudolfine, Snövitt, Lex, Wanessa, Any, Paul, Tchetan, Pacho, Pit, Peppino, Svölnir, Violetta, Cindy, Cherry, Tabor, Minette, Filou, Nellie, Leila Mary Cindy, Wanessa, Flocke, Sandro, Biko, Kitty, Sancho, Hannes, Chico, Fips, Flor, Nellie, Gep, Piri, Popcorn, Ideal, Ronja, Inuit, Ole, Naomi, Milan, Dobllino, Kalvarez, Adshan, Sioux, Dottie, Kesha, Juba, Spencer, Irmi, Relax, Quadrado, Dama, Djörfung, Fluga, Frekja, Lukas, Alissa, Any, Kjartan, Odin, Nino, Talisman, Sonja, Dolly, Monteaura, Steaka, Strana, Latino, Johann, Sancho, Lehmann, Theo, Norris, Teade, Amigo, Nell, Lilly, Pierot, Gallant, Tim, Lukas, Ben, Shaloul, Fabienne, Ebro, Nora, Heli, Gismo, Abu, Ninja, Cyrano, Lorraine, Jack, Sam, Loraine, Tosca, Daimler, Ribana, Drano, Patch, Drummer, Keanu, Moritz, Niki, Nicki, Baron, Echinus, Lulinn, Eldur, Leroy, Kiv, Xera, Ayleen, Nathan, Mamaya, Merlin, Blacky, Felix, Bayard, Sid, Santana, Donna, Petur, Cindy, Leila, Elhazar, Zedane, Bärbel, Habanero, Chocolate, Hope, Shawna, Ideal, Halima, Peppi, Dorella, Mahal, Wlada, Tijani, Gonzo und an all die, deren Namen ich vergessen habe.

Natürlich danke ich auch all den Zweibeinern, denen ich im Laufe der Jahre begegnet bin, weil sie auf die eine oder andere Weise zu den oben aufgezählten Vierbeinern gehörten. Mal war die Zusammenarbeit fruchtbar und erfreulich, mal weniger angenehm, aber ich habe immer etwas gelernt.

Für dieses Buch habe ich in den Monaten der Herstellung viel Unterstützung erhalten und ich danke: Mara, die sich bereitwillig meine jeweils neuesten Ideen anhörte, allen, die mir nicht geglaubt haben, wenn ich den Kram hinschmeißen wollte, allen, die probegelesen und Feedback gegeben haben, allen, die in ihren Büchern ihr Wissen teilten, meiner weltbesten Korrekturleserin Heide Diehl, meiner unverdrossenen Verlegerin Ulrike Dietmann und der Existenz, die mir in dieser Zeit den Rücken freigehalten hat.

Literaturverzeichnis

Diese Auflistung enthält Bücher, die mich in der einen oder anderen Weise mit Informationen versorgt und zum Denken angeregt haben. Einige davon, wie die von Linda Kohanov, haben für mich neue Tore aufgestoßen. Es gibt unzählige weitere gute Bücher zum Thema, die hier keinen Platz gefunden haben, was nichts über ihre Qualität in meinen Augen ändert. Leider gibt es auch eine ganze Reihe sehr schlechter Bücher über das Reiten, die mir aber geholfen haben, verschiedene, teilweise schwerwiegende Denkfehler kennenzulernen. Letztere befinden sich nicht mehr in meinem Besitz und daher auch nicht in dieser Liste.

(1) Ashdown/Done, Topografische Anatomie des Pferdes, Enke 1988

(2) Boehmer, L., Körper- und Bewegungsformung, Verlag Offene Worte 1926

(3) Brin, David, Der Übungseffekt, Heyne 1995

(4) Bürger/Zietzschmann, Der Reiter formt das Pferd, FN-Verlag 1987

(5) Dietmann, Ulrike, Auf den Flügeln der Pferde, spiritbooks 2009

(6) Dubben/Beck-Bornholdt, Der Hund, der Eier legt, rororo 2006

(7) FN-Richtlinien Bd.1, 2 & 6, FN-Verlag 2012, 1998

(8) Frey Faust, The Axis Syllabus, universal motor principles, bod 2011.

(9) HDV.12, WuWei Verlag 2008

(10) Heuschmann, Dr. Gerd, Balanceakt, WuWei-Verlag, 2011

(11) Higgins, Gillian, Anatomie verstehen, besser reiten, Franckh-Kosmos 2010

(12) Kleven, H.K., Biomechanik und Physiotherapie für Pferde, FN-Verlag 2009

(13) Kohanov, Linda, The Power of the Herd, New World Library 2013

(14) Kohanov, Tao des Equus, WuWei-Verlag 2006

(15) Kohanov, Linda, Der bewusste Weg mit Pferden, WuWei-Verlag 2011

(16) Kohanov, Linda, Botschafter zwischen den Welten, WuWei-Verlag 2008

(17) Kernspecht, Keith R., Die Essenz des WingTsun, EWTO-Verlag 2013

(18) Kernspecht, Keith R. Pyjama-Editorials, WuShu-Verlag 2007

(19) Kernspecht, Keith R., Kampflogik 3, EWTO-Verlag 2011

(20) King, Serge Kahili, Der Stadt-Schamane, Neuauflage Lüchow Verlag 2010

(21) Langen/Schulte Wien, Osteopathie für Pferde, Sonntag-Verlag 2004

(22) Myers, Thomas W., Anatomy Trains, Elsevier 2009

(23) Osho, verschiedene

(24) Podhajsky, Alois, Die klassische Reitkunst, Franckh-Kosmos Verlag 1998

(25) Putz, Michael, Reiten mit Verstand und Gefühl, FN-Verlag 2005

(26) Richter, Tanja, Illusion Pferdeosteopathie, WuWei-Verlag 2011

(27) Seeger, Luis, System der Reitkunst, Olms Presse, 1999

(28) Steinbrecht, Gustav, Das Gymnasium des Pferdes, Cadmos Verlag 1998

(29) Strick, Michael, Denk-Sport Reiten, FN-Verlag 2001

(30) Swift, Sally, Reiten aus der Körpermitte I&II, Müller Rüschlikon 2003

(31) Tiwald, Horst, verschiedene Schriften, www.tiwald.com

(32) Welzer, Harald, Selbst Denken, Verlag S.Fischer 2013

„Es gibt nur eines, was schlimmer ist, als Reitschüler, die Reitlehren lesen, und das sind Reitschüler, die keine Reitlehren lesen."

Dieses Zitat stammt so oder so ähnlich vermutlich aus Horst Sterns Reitlehre, die sich durch Verleih aus meinem Bücherregal entfernt hat und bislang nicht wieder aufgetaucht ist.

www.spiritbooks.de

Bücher, die authentisch sind
und Spirit haben.

*Die Bücher des Verlags erhalten Sie in allen Buchhandlungen
und bei zahlreichen Online-Anbietern wie amazon.de. Sie können
die Bücher auch beim Verlag direkt bestellen: www.spiritbooks.de*

*Wenn Sie direkt beim Verlag bestellen,
unterstützen Sie den Verlag und die Autoren.*

Die Vision des Verlags

Vertrauen in das Gespür von Leserinnen und Lesern

Bedingungslos authentische Bücher

Autorinnen und Autoren als Persönlichkeiten,
die etwas Unverwechselbares zu erzählen haben.

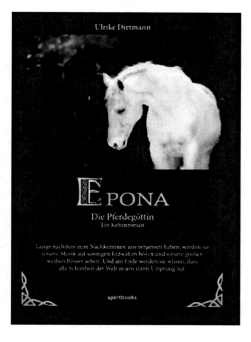

Ulrike Dietmann

"Das Medizinpferd –
Band I Einweihung"

Valerie erlebt unter den Nachkommen von Indianern eine spirituelle Einweihung in eine unbekannte Wirklichkeit und lernt die besonderen Fähigkeiten der Pferde kennen ...

www.spiritbooks.de

Ulrike Dietmann

"Das Medizinpferd –
Band II Unbreak my Heart"

Valerie verliebt sich in den Halbindianer Tom und muss sich mit ihrer tiefen Angst, verlassen zu werden, konfrontieren. Bei den Pferden findet Valerie unerwartete Kraft und einen Weg der Befreiung.

www.spiritbooks.de

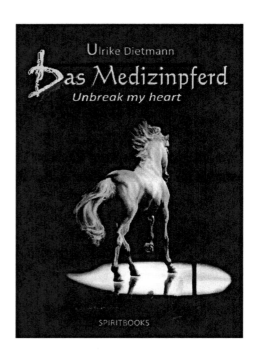

Lightning Source UK Ltd.
Milton Keynes UK
UKOW01n0732120614

233267UK00008B/26/P